Computer Bild

Computent statt compliziert

Prinz & Markus

Money 98

Ihre Bank im PC

1 Überblick – Installation und Programm im Überblick 6

Was kann Money 98? 7
Installation von Money 98 9
Money 98 starten 10
Money 98 beenden 11
Der Bildschirm von Money 98 11
Tips zur Navigation 12

2 Einstellung – Money 98 einrichten 15

Das erste Konto einrichten 16
Das Portemonnaie einrichten 18
Kreditkartenkonto erstellen 19
Weitere Konten erstellen 22
Allgemeine Einstellungen vornehmen 23
Money mit einem Kennwort schützen 30

3 Bedienung – Bedienung von Money 98 33

Wenn Sie etwas gekauft haben 34
Regelmäßige Zahlungen verwalten .36
Empfängernamen speichern und verwalten 37
Kategorien verwenden 39
Eine Buchung „splitten“ 40
Eine Überweisung drucken 41
Das Konto „abstimmen“ 42

4 Übertragung – Online-Banking mit Money 98 45

Allgemeine Vorbereitungen 46
Money 98 für T-Online einrichten ... 47
Das erste Mal online mit Money 98 .51
Makro nachbearbeiten 52
Lernmodus „Bankzugang“ 54
Lernmodus „Kontostand“ 56
Lernmodus „Überweisung“ 57
Lernmodus „Kontoauszug“ 60
Lernmodus beenden 61
Online-Überweisung vorbereiten ... 62

5 Berichte – Berichte und Budgets 64

Wieviel Geld haben Sie wofür ausgegeben? 65
Einnahmen-/Ausgaben-Übersicht .. 66
Berichte anpassen 66
Ein Budget einrichten 68
Budget überprüfen 70
Was können Sie sich leisten? 71
Bericht drucken 74
Bericht speichern 76
Buchungen im Bericht ändern 77

6 Anlagen – Kapitalanlagen 79

Kapitalanlagekonto einrichten 80
Wertpapiere in Money verwalten . . . 81
Neue Kurse eingeben oder laden . . . 82
Depotwert ermitteln 84

7 Assistenten – Assistenten und Strategen 85

Den Kreditstrategen nutzen 86
Den Gehaltsstrategen nutzen 92
Der Eigenheimstratege 96
Der Abschreibungsstratege 98
Der Rentenstratege 99
DATEV-Export 102
Am Jahresende:
Buchungen archivieren 103

Anhang 106

Was ist eigentlich ...? 106

Thomas Hoffmann
Herausgeber

Zu diesem Buch

Online-Banking ist im Trend. Bei vielen Geldinstituten und erst recht bei den Direktbanken können Sie inzwischen Ihre Finanzgeschäfte mit dem Computer bequem von daheim aus erledigen. Modem, Online-Anschluß und das nötige Finanzverwaltungsprogramm natürlich vorausgesetzt. Money ist ein solcher privater Finanzverwalter. Mit diesem Programm können Sie Ihre Spar- und Girokonten verwalten, Schecks drucken oder Überweisungen und Daueraufträge online an Ihre Bank übermitteln.

Doch Money beherrscht noch viel mehr. Es verwaltet auch Aktien- und andere Anlagekonten, berechnet Ihnen Kreditkosten und Finanzierungslaufzeiten für Auto oder Eigenheim. Und was Unternehmen recht ist, kann Ihnen als Privatmann nur billig sein: die Finanzplanung auf dem Computer. Auch dabei haben Sie in dem Programm den richtigen Gehilfen. Sie können mit Money Einnahmen-Ausgaben-Übersichten erstellen, Budgets planen und überwachen sowie die entsprechenden Berichte drucken. Oder Sie nutzen das Programm zur Ermittlung Ihrer Gehalts-, Renten- oder Abschreibungsstrategie. In diesem Buch erfahren Sie – wie von Computer-BILD, Europas größter Computer-Zeitschrift, gewohnt Schritt für Schritt und leichtverständlich – alles Wichtige über die Bedienung dieses pfiffigen Schatzmeisters.

1 Installation und Programm im Überblick

Microsoft Money 98 ist ein vollständiges und umfangreiches Finanzmanagement-Programm zur Verwaltung von privaten und geschäftlichen Finanzen. Ehe Sie die vielen Vorzüge von Money 98 jedoch nutzen können, müssen Sie das Programm auf der Festplatte Ihres Computers installieren.

Was sich nach mühsamer Arbeit anhört, ist eine sehr einfache Angelegenheit, die Ihnen ein sogenanntes „Installationsprogramm" abnimmt. Es sorgt dafür, daß alle Dateien, die zum Betrieb von Money notwendig sind, von der CD des Money-Pakets auf die Festplatte Ihres Computers kopiert werden. Der Vorgang dauert höchstens zehn Minuten und erfordert keine speziellen Computer-Kenntnisse.

Wie Sie dabei Schritt für Schritt vorgehen, können Sie auf Seite 9 unter der Überschrift „Installation von Money 98" nachlesen.

Lesen Sie ferner,

- welche Leistungsmerkmale Money unterstützt,
- wie Sie Money 98 starten,
- wie Sie Money 98 bedienen,
- wie Sie Money 98 beenden,
- und wie Sie im Programmfenster navigieren.

Kapitel-Wegweiser

Was kann Money 98? 7
Installation von Money 98 9
Money 98 starten 10
Money 98 beenden 11
Der Bildschirm von Money 98 11
Tips zur Navigation 12

Was kann Money 98?

Mit Money 98 können Sie Ihre Finanzverwaltung und -planung gezielt abwickeln. Anwenderfreundliche Funktionen zur professionellen Analyse, Planung, Organisation und Verwaltung von Finanzen ermöglichen die leichte, schnelle und effiziente Umsetzung am PC. Sie können anhand der Software sämtliche Finanzgeschäfte einschließlich Umsatzsteuervoranmeldung, Steuerberechnung oder „Was-wäre-wenn"-Analysen durchführen. Neben „Money 98 Plus" wird auch eine normale „Money 98"-Version mit leicht eingeschränktem Funktionsumfang angeboten.

Vor allem mittelständische und kleine Unternehmen, Freiberufler und Selbständige, die Zeit und Geld sparen wollen, können mit Money 98 Plus ihre Finanzgeschäfte komplett über den PC abwickeln. Tägliche Routineabläufe sind genauso problemlos durchführbar wie langfristige Investitionsplanungen.

Die eingebauten Werkzeuge und Programme übernehmen dabei die Rolle des intelligenten Ratgebers, Planers und Strategen. Ausgehend von der finanziellen Situation, den Zielen und Aktivitäten des Anwenders, werden bereits in der ersten Sitzung mit Money 98 Plus Verbesserungsvorschläge rund um Ihr Geld erarbeitet. Der Planer erstellt Lang- und Kurzzeitprognosen und gibt verschiedene Strategien für zielgerichtete Verfahren vor.

Als Steuer- und Gehaltsstratege unterteilt Microsoft Money 98 Plus Lohn- und Gehaltsberechnungen in steuerrelevante Daten wie Kindergeld, Sozialabgaben und Steuern. Das Programm enthält ein Wirtschafts- und Finanzlexikon und verfügt über eine DATEV-Exportschnittstelle zur Übermittlung der Daten an den Steuerberater. Gerade für Selbständige und Freiberufler sind die automatische Erstellung der monatlichen oder vierteljährlichen Umsatzsteuervoranmeldung und der fertige Ausdruck des offiziellen Formulars wichtig.

Durch den integrierten Zugang zu T-Online erfüllt jeder Computer rund um die Uhr die Aufgaben einer Bank. Über das Internet erfolgt der Zugriff auf hochaktuelle Finanztips, Artikel und Informationen.

Weitere Funktionen (soweit nicht anders angegeben, stehen die genannten Funktionen sowohl in der „normalen" als auch in der „Plus"-Version zur Verfügung):

- Beratung und Unterstützung bei finanziellen Entscheidungen mit Hilfe des Finanzratgebers
- Verwaltung von Kapitalanlagen mit Analysefunktionen (zum Beispiel grafische Darstellung der Anlageentwicklung online) mittels „Microsoft Saldo"
- Automatische Berichte über die finanzielle Situation mit Diagram-

men, etwa über den Einnahmen-/ Ausgabenstatus
- Übertragung der Buchungsdaten aus Money per Datenexport im DATEV-Format an den Steuerberater
- Monatliche oder vierteljährliche Erstellung der Umsatzsteuervoranmeldung
- Unterstützung bei der Erstellung von Lang- und Kurzzeitprognosen (nur in Money 98 Plus)
- Berechnung der Gehälter und Löhne unter Berücksichtigung aller Steuer- und Sozialversicherungsgesetze (nur in Money 98 Plus)
- Berechnung der Einkommensteuerbelastung, Kirchensteuer, Werbungskosten, Sonderausgaben, außergewöhnlichen Belastungen oder des Solidaritätszuschlags (nur in Money 98 Plus)
- Kalkulation über die Anschaffung einer Immobilie (nur in Money 98 Plus)
- Berechnung der Abschreibung für Wirtschaftsgüter (nur in Money 98 Plus)
- Lexikon mit rund 100 Artikeln, kostenlose Aktualisierung über das Internet (nur in Money 98 Plus)
- Ermittlung der Beträge bei privater Nutzung des Firmenautos, Telefons oder bei Sachentnahmen über den Eigenverbrauchsstrategen (nur in Money 98 Plus)
- Berechnung der Steuervorteile bei Spenden mit dem Spendenstrategen (nur in Money 98 Plus)
- Berechnung der voraussichtlichen Rentenansprüche (nur in Money 98 Plus).

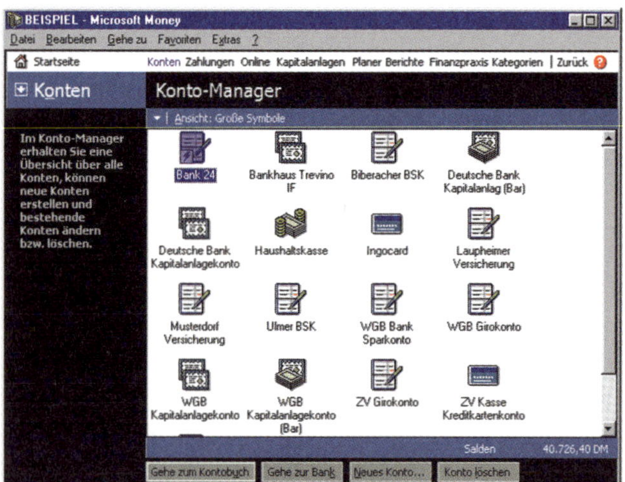

Installation von Money 98

Die Installation von Money 98 erfolgt mit Hilfe der Funktion „**Auto-Play**“ von Windows 95 und ist recht einfach.

1 Öffnen Sie die Schublade Ihres CD-ROM-Laufwerks, legen Sie die Money 98-CD in das Laufwerk, und schließen Sie die Schublade wieder.

2 Nach wenigen Augenblicken startet das Setup-Programm

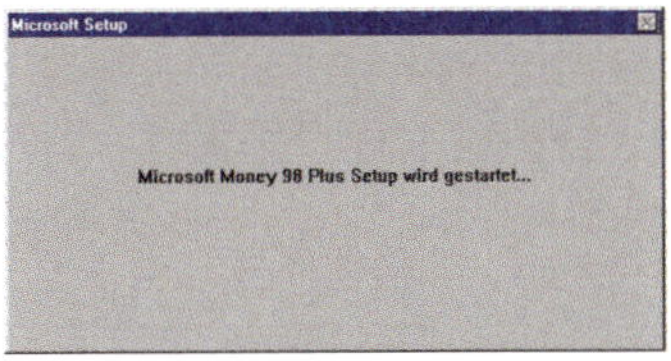

3 Um mit der Installation fortzufahren, klicken Sie auf die Schaltfläche „Weiter“.

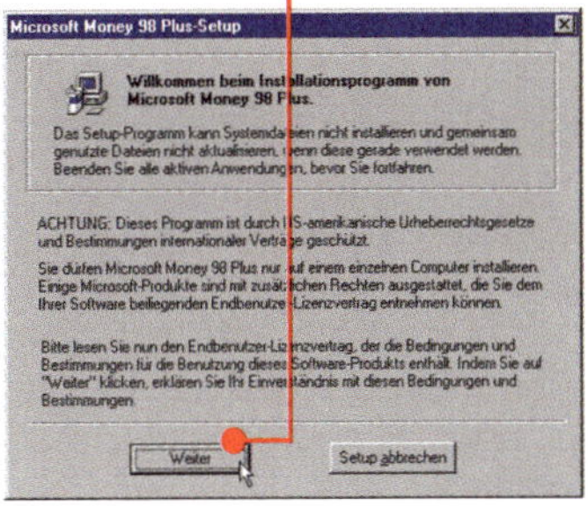

Setup startet nicht automatisch

Wenn das Money-Setup nach dem Schließen der Schublade nicht selbständig startet, müssen Sie das Programm manuell ausführen. Klikken Sie in der Task-Leiste auf die Schaltfläche Start und im geöffneten Start-Menü auf den Eintrag

Geben Sie im Dialogfenster **Ausführen**, angeführt vom Laufwerksbuchstaben Ihres CD-ROM-Laufwerks, den Namen des Startprogramms ein.

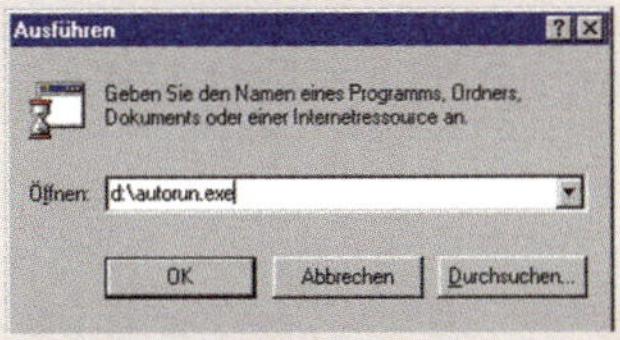

Mit einem Klick auf OK starten Sie die Installation.

4 Tippen Sie im folgenden Dialogfenster Ihren Namen ein.

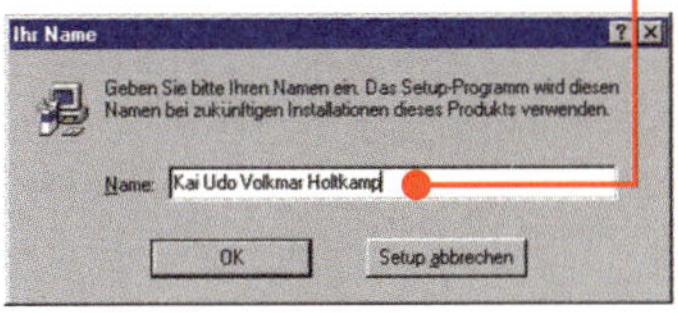

Ein Klick auf OK bringt Sie ins nächste Dialogfenster.

5 Bestätigen Sie Ihre Eingabe mit OK, da Sie im Falle eines Tippfehlers nur noch an dieser Stelle mit Ändern eine Korrektur vornehmen können.

6 Im daraufhin erscheinenden Dialogfenster können Sie die Product-ID Ihres Money- Programms ablesen.

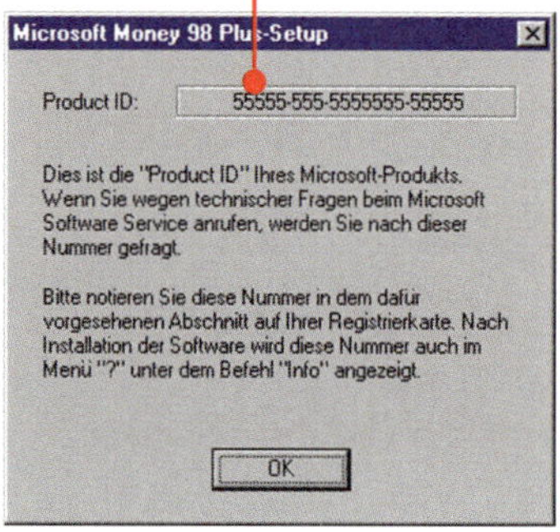

Mit OK gelangen Sie ins nächste Fenster.

7 Wählen Sie den Zielordner, in den Sie Money 98 installieren möchten. Standardmäßig ist dies der Ordner

Bestätigen Sie den Zielordner mit OK.

8 Lesen Sie sich die Lizenzbestimmungen für Money durch, und bestätigen Sie diese mit Annehmen.

9 Danach starten Sie die Installation mit einem Klick auf

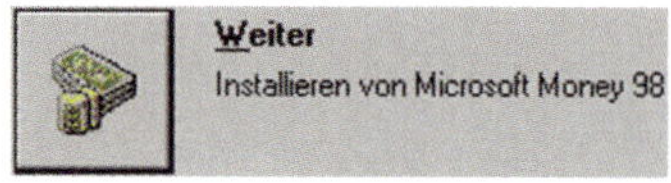

.

10 Wenn Sie mit Money 98 Online-Banking durchführen möchten, bestätigen Sie das nächste Dialogfenster mit Ja.

11 Nach Abschluß der Installation können Sie sich bei Microsoft online registrieren lassen, müssen also nicht mehr die Registrierungskarte ausfüllen und per Post abschicken.

Money 98 starten

Um Money 98 zu starten, klicken Sie in der Task-Leiste von Windows 95 links unten auf Start. Das Start-Menü öffnet sich. Markieren Sie mit der Maus nun den Eintrag „Programme“.

Daraufhin öffnet sich der Ordner „Programme".Klicken Sie dort auf das Symbol für Money 98.

Money 98 beenden

Um Money 98 zu beenden, brauchen Sie im Menü Datei nur den Befehl Beenden auszuwählen. Statt dessen können Sie auch rechts oben, in der Ecke des Programmfensters, das Symbol ✕ anklicken. In beiden Fällen wird das Programmfenster geschlossen, und Money ist damit beendet.

Der Bildschirm von Money 98

Nach dem Programmstart sehen Sie auf dem Bildschirm das Money- 98-Fenster mit der sogenannten „Startseite", die Sie jederzeit wieder aufrufen können, indem Sie das Symbol Startseite anklicken.
Am oberen Rand des Money-98-Programmfensters finden Sie die sogenannte Titelleiste. Diese enthält den Programmnamen („Microsoft Money") sowie den Namen der geöffneten Datei (zum Beispiel „Meine Finanzen"). Die Zeile, in der sich die Menüs „Datei", „Bearbeiten", „Gehe zu" usw. befinden, wird als Menüleiste bezeichnet.
Darunter sehen Sie – beginnend mit dem Symbol Startseite und endend mit dem Symbol ? – die sogenannte

Navigationsleiste. Der große Bereich in der Mitte wird Arbeitsbereich genannt. Hier nehmen Sie Buchungen vor, lassen sich Auswertungen darstellen oder von den zahlreichen Ratgebern Tips geben.

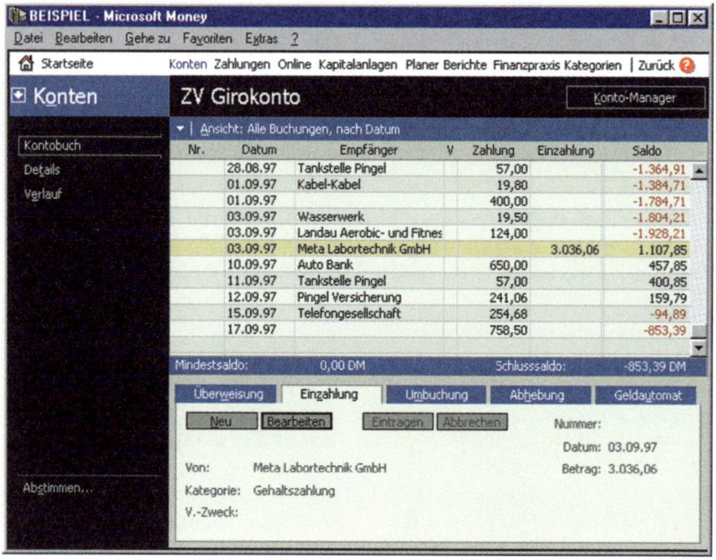

Tips zur Navigation

An dieser Stelle erhalten Sie einige grundlegende Tips, wie Sie in Money am besten navigieren können, wie Sie Money also schnellstmöglich bedienen. Diese Kenntnisse werden vorausgesetzt, wenn im weiteren Verlauf des Buches die Bedienung einzelner Funktionen beschrieben wird.

In Money stoßen Sie immer wieder auf Datumsfelder. Wenn es darum geht, eine Buchung einzugeben, einen Bericht zu erstellen oder ein Konto abzustimmen, müssen Sie ein Datum angeben. Meistens ist dies der aktuelle Tag, den Sie mit der Tastenkombination Strg und D einstellen können.

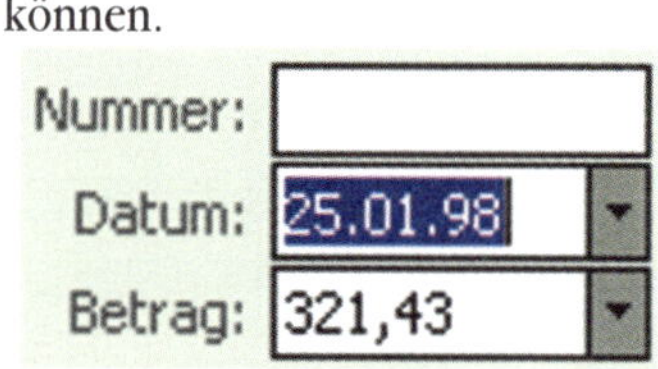

Wenn das Datumsfeld aktiv ist, das Datum also blau unterlegt erscheint, können Sie über Alt und ↓ auch einen Kalender aktivieren. Mittels der Pfeiltasten läßt sich nun ein beliebiger Tag des angezeigten Monats auswählen und über ⇆ in das Datumfeld übernehmen.

Sofern Sie einen weiter entfernt liegenden Tag einstellen möchten, können Sie mit Hilfe der Maus auf einen der beiden Pfeile klicken, die im Kalender angezeigt werden (← JAN 1998 →). Durch Anklicken des Monatsnamens wird ein Kalenderblatt angezeigt, das den jeweiligen Monat mit den einzelnen Tagen darstellt.

Wem das alles nicht reicht, der kann sich über die Tastatureingaben helfen lassen. Soll das Datum um einen oder wenige Tage vor- oder zurückgestellt werden, so drücken Sie im Datumsfeld einfach die Plus- oder Minus-Taste. Jeder Druck auf + erhöht das Datum um einen Tag, jeder Druck auf - stellt das Datum um einen Tag zurück.

! Datum direkt eingeben

Sie können das gewünschte Datum natürlich auch direkt eingeben. Damit Sie dabei nicht die Punkt-Tasten drücken müssen („11.03.98"), die sich an einer anderen Stelle der Tastatur befinden, läßt sich das Datum im Format „11-03-98" auch ausschließlich über den **Nummernblock** der Tastatur eintippen. Das ist einfacher und erspart Zeit.

Bei der täglichen Arbeit mit Money werden Sie ständig zwischen mehreren Seiten wechseln müssen. Da ist es gut, wenn man bei der Eingabe per Tastatur nicht immer wieder zur Maus greifen muß, um den Wechsel zu vollziehen.

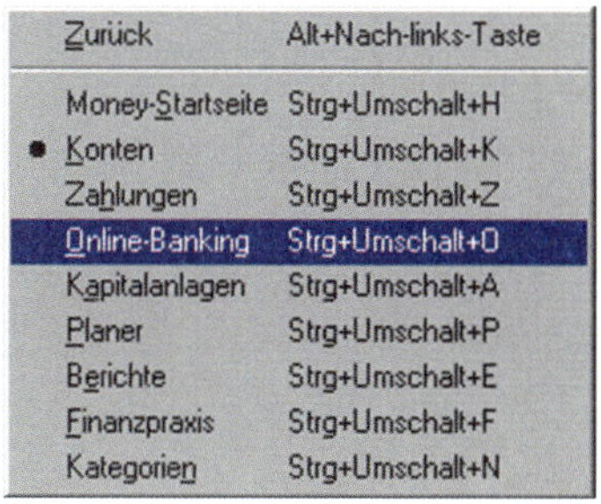

Money bietet eine Reihe von Tastenkombinationen an, um die jeweiligen Seiten aufzurufen. Sie werden allesamt über die Tasten Strg und ⇧ aktiviert. In Kombination mit der gleichzeitig zu drückenden Taste H wird zum Beispiel die Startseite aktiviert. Durch gleichzeitiges Drükken von K wird das Kontobuch aktiviert, mit Z ist es möglich, eine Übersicht der Zahlungen darzustellen. Sie finden eine Liste der Tastaturkürzel im Menü Gehe zu.

Um direkt zu der Buchung zu gelangen, die Sie als letzte bearbeitet haben, müssen Sie die Tastenkombination Strg und G drücken. Dies funktioniert jedoch nur, wenn Sie zuvor in der Navigationsleiste auf „Konten" geklickt haben und sich innerhalb eines der angelegten und verwalteten Konten befinden.

Sehr wertvolle Hilfe bietet die Tastenkombination Strg und Y. Damit wird in das Feld „Verwendungszweck" derselbe Text eingefügt, den Sie schon in der vorherigen Buchung in dieses Feld geschrieben haben.

Um den Taschenrechner von Windows 95 zu starten, der Ihnen bei komplizierten Berechnungen zur Seite stehen kann, drücken Sie Strg und K.

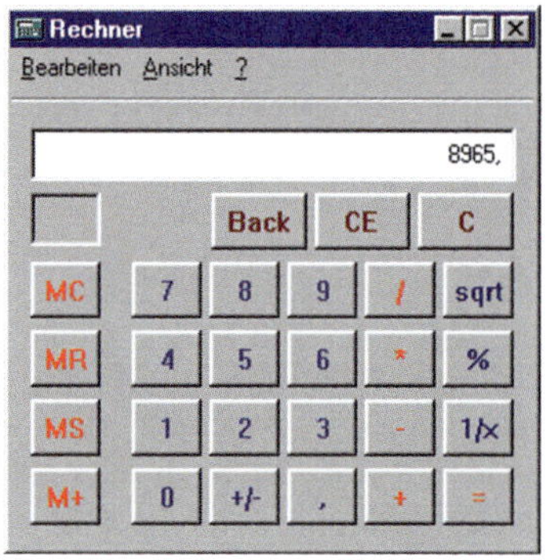

Wenn Sie eine spezielle Buchung suchen, bei der Sie sich nur noch an den Empfängernamen, den Betrag oder ein Stichwort erinnern können, drücken Sie Strg und F. Dadurch wird ein Fenster aktiviert, in dem Sie einen Suchbegriff eingeben können.

Zu guter Letzt bietet Strg und T Hilfe beim schnellen Umschalten zwischen den Ansichten. Während Sie die Buchungen im Kontobuch in der Regel dreizeilig darstellen, hilft Ihnen diese Tastenkombination beim Umschalten in die einzeilige Darstellung. Umgekehrt funktioniert dieser Wechsel natürlich genauso gut und genauso schnell.

2 Money 98 einrichten

Aller Anfang ist schwer? Dieses Sprichwort trifft auf Money 98 nicht zu. Sie können Money 98 fast ohne komplizierte Einarbeitung benutzen. Bevor Sie mit der Eingabe von Buchungen beginnen, müssen Sie Konten erstellen, denen die Buchungen zugewiesen werden. Zwei Konten sollten Sie hierbei mindestens einrichten: Ihr Girokonto sowie ein Konto für Ihre Bargeldausgaben, also Ihr Portemonnaie. Und wenn Sie über eine Kreditkarte verfügen Sie, können Sie diese selbstverständlich ebenfalls mit Money 98 verwalten und somit den Überblick über Ihre Verbindlichkeiten behalten.

Im zweiten Kapitel dieses Buches erfahren Sie,

- wie Sie Ihr erstes Konto einrichten,
- wie Sie ein Konto für Ihre Bargeldausgaben einrichten,
- wie Sie Kreditkartenkonten erstellen,
- wie Sie die Grundeinstellungen von Money 98 ändern,
- und wie Sie Ihre Daten mit einem **Kennwort** vor fremdem Zugriff schützen.

Kapitel-Wegweiser

Das erste Konto einrichten 16
Das Portemonnaie einrichten 18
Kreditkartenkonto erstellen 19
Weitere Konten erstellen 22
Allgemeine Einstellungen vornehmen 23
Money mit einem Kennwort schützen 30

Das erste Konto einrichten

Money 98 ist kinderleicht zu bedienen. Das bedeutet, daß Sie schon beim ersten Programmstart nichts falsch machen können, weil Sie bei der Erstellung Ihres ersten Money-Kontos Schritt für Schritt angeleitet werden. Beim ersten Konto handelt es sich zumeist um das Girokonto oder Gehaltskonto, auf dem Sie jeden Monat Ihren Lohn erhalten.

1 Klicken Sie mit der linken Maustaste in der Navigationsleiste auf Konten oder auf der Startseite auf den Eintrag

Einrichten von Konten

2 Im Konto-Manager werden alle Konten verwaltet. Hier können Sie neue Konten einrichten. Klicken Sie mit der linken Maustaste auf die Schaltfläche

Neues Konto... .

3 Tragen Sie im Dialogfenster Neues Konto den Namen der Bank ein, bei der Ihr Konto geführt wird.

Bank:
SSK Duisburg

Mit einem Klick auf Weiter > gelangen Sie in das nächste Dialogfenster.

4 Wählen Sie aus der Liste der verschiedenen Kontoarten den Eintrag

- Anlagekonto
- Anlagekonto für ein Haus
- Bankkonto
- Bargeldkonto
- Girokonto
- Girokonto mit Dispokredit
- Kapitalanlagekonto
- Kleinkreditkonto
- Kreditkartenkonto
- Kreditkonto
- Rentenkonto
- Sonstiges Konto
- Sparkonto
- Verbindlichkeitskonto

Mit einem Klick auf Weiter > kommen Sie in das nächste Fenster.

5 Tippen Sie dort im Feld

Wie wollen Sie das Konto bei der SSK Duisburg nennen?
Girokonto

den Namen für das Konto ein, unter dem Money das Konto verwalten soll.

6 Anschließend wählen Sie eine Beschreibung für das Konto. Money benötigt diese Angaben für spätere Prognosen.

Für Girokonten gilt zumeist der

Begriff „Kurzfristige Spareinlagen und Rücklagen“.

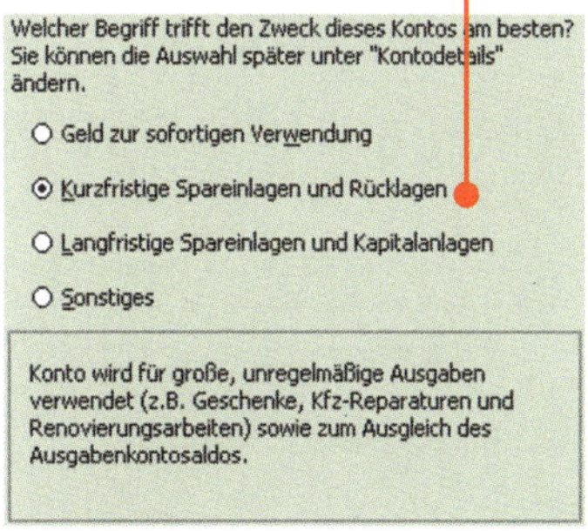

Mit Weiter > gelangen Sie zum nächsten Schritt.

7 Geben Sie nun die Kontonummer für Ihr erstes Konto ein

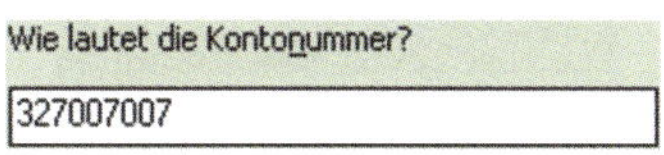

, und klicken Sie auf Weiter >.

8 Danach tragen Sie den aktuellen Kontostand des Kontos ein. Falls es sich hierbei um ein neues Konto handeln sollte, auf dem Sie noch keine Buchungen vorgenommen haben, müssen Sie den Wert auf 0 (Null) setzen. Andernfalls geben Sie den aktuellen Kontostand ein.

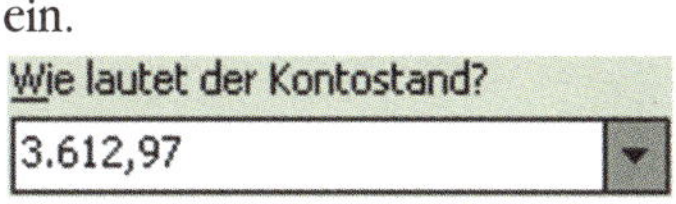

Wenn Sie das Konto mit einer anderen Währung als „DM“ verwalten, wählen Sie die neue Währung im Feld

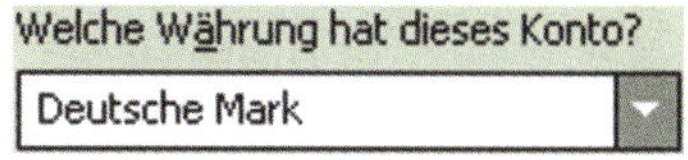

Sofern Ihnen Ihre Bank einen Dispositionskredit eingeräumt hat, geben Sie diesen Betrag im Feld

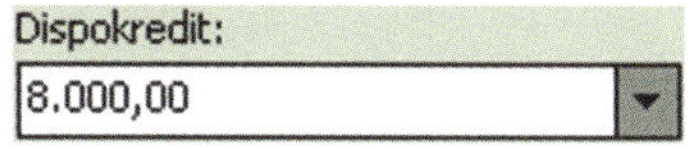

ein.
Mit einem Klick auf Weiter > erstellen Sie das Konto im Konto-Manager.

9 Wenn Sie direkt im Anschluß weitere Konten bei der aktuellen Bank einrichten möchten, können Sie mit

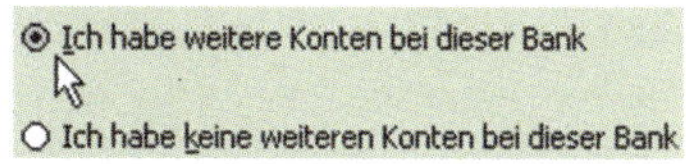

ein weiteres Konto einrichten.
Andernfalls wählen Sie

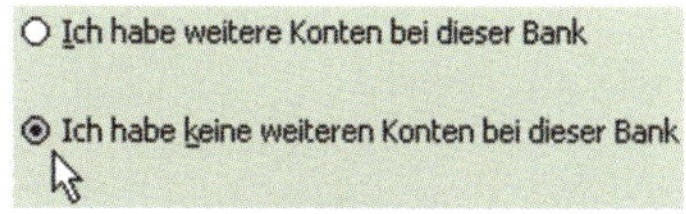

und klicken auf die Schaltfläche Weiter >.

10 Beenden Sie die Erstellung Ihres ersten Kontos mit einem Klick auf

Fertig stellen

11 Per Doppelklick auf den Eintrag, der das neu eingerichtete Konto symbolisiert, öffnen Sie das Kontobuch im Konto-Manager.

Wie Sie Buchungen verwalten, erfahren Sie im nächsten Kapitel.

Das Portemonnaie einrichten

Wie jeder Mensch haben Sie natürlich ein Portemonnaie, aus dem Sie die täglichen Ausgaben bestreiten. Auch dieser Geldfluß soll in Money festgehalten werden. Gerade hier werden die meisten Buchungen getätigt, und folgerichtig verschwindet auch hier das meiste Geld in unbekannte Kanäle.

1 Klicken Sie mit der linken Maustaste in der Navigationsleiste auf Konten.

2 Wenn Sie in Ihrem neuerstellten Girokonto schon Eingaben vorgenommen haben, klicken Sie auf die Schaltfläche

3 Auch das Portemonnaie wird in Money als Konto verwaltet und muß somit im Konto-Manager eingerichtet werden. Klicken Sie hierzu auf die Schaltfläche

4 Da das Portemonnaie bei keiner Bank angelegt wird, lassen Sie das Feld

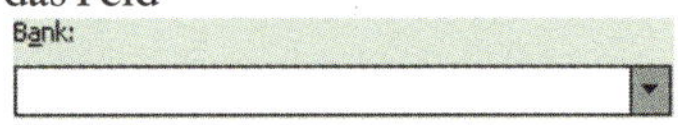

einfach leer. Mit Weiter > gelangen Sie zur Auswahl der Kontoart.

5 Markieren Sie hier den Eintrag „Bargeldkonto", und klicken Sie wieder auf Weiter >.

6 Geben Sie den Namen des Kontos ein

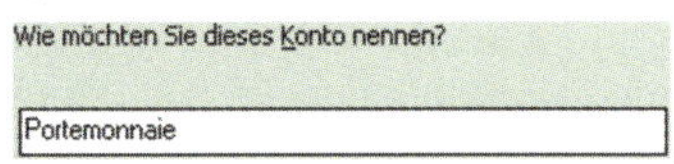

, und bestätigen Sie diesen mit Weiter >.

7 Üblicherweise nutzen Sie das Portemonnaie, ohne an größere Sparziele zu denken. Daher wählen Sie den Begriff „Geld zur sofortigen Verwendung" und fahren mit einem Klick auf Weiter > mit der Einrichtung des Portemonnaies fort.

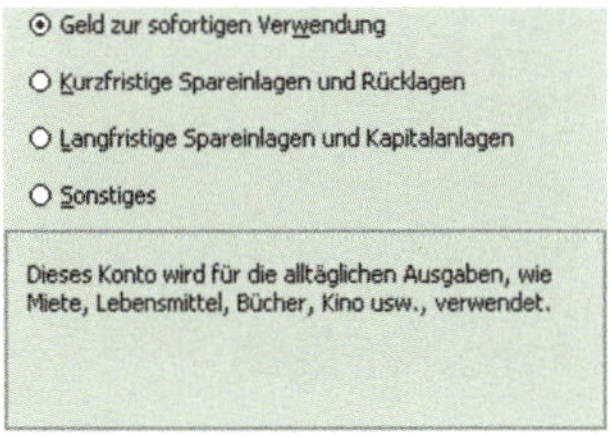

8 Geben Sie den aktuellen Kontostand beziehungsweise die Summe des Bargelds im Portemonnaie ein.

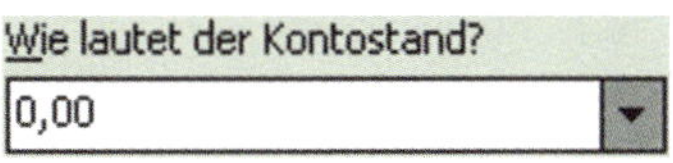

Falls Sie Ihr Portemonnaie nicht in „DM“ verwalten möchten, markieren Sie eine andere Währung.

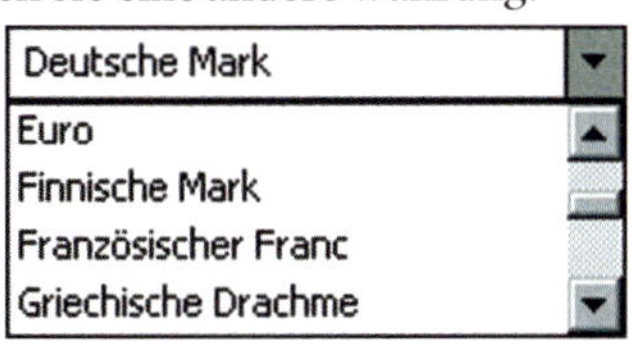

9 Mit einem Klick auf 

richten Sie das Portemonnaie endgültig ein. Es erscheint ab nun im Konto-Manager und wird wie jedes andere Konto per Doppelklick geöffnet.

Kreditkartenkonto erstellen

Der Trend zur Kreditkarte ist nicht mehr aufzuhalten. Das erfordert vor allem eine gewissenhafte Aufzeichnung der getätigten Ausgaben, um vor unliebsamen Überraschungen gefeit zu sein. Oftmals wird Ihr Konto erst Wochen oder Monate später belastet, und dann nützt häufig auch der gute Name nichts mehr, wenn das Konto leer ist!

Eine Übersicht über das, was noch abgebucht wird, macht also Sinn. Money stellt ein eigenes Konto mit der Bezeichnung Kreditkartenkonto zur Verfügung, auf dem alle Ausgaben verzeichnet sind, die per Kreditkarte getätigt wurden und die erst zu einem späteren Zeitpunkt von Ihrem Giro- oder Gehaltskonto abgebucht werden.

Beim Kreditkartenkonto handelt es sich im Gegensatz zu anderen Konten um ein Konto, in dem nahezu ausschließlich Verbindlichkeiten verwaltet werden, - allerdings ohne daß dabei Kreditzinsen anfielen.

1 Klicken Sie mit der linken Maustaste in der Navigationsleiste auf Konten.

2 Wenn Sie in der Zwischenzeit ein anderes Konto geöffnet haben, müssen Sie zunächst den „Konto-Manager“ öffnen. Klicken Sie hierzu auf die Schaltfläche

[Konto-Manager]

3 Daraufhin klicken Sie im Konto-Manager auf die Schaltfläche

[Neues Konto...]

4 Geben Sie den Namen der Bank ein, bei der Sie Ihre Kreditkarte führen.

Bank:
Quelle Bank

Mit einem Klick auf die Schaltfläche [Weiter >] fahren Sie mit der Erstellung des Kontos fort.

5 Wählen Sie im nächsten Dialogfenster den Eintrag

Kapitalanlagekonto
Kleinkreditkonto
Kreditkartenkonto
Kreditkonto
Rentenkonto

, und bestätigen Sie das Konto mit [Weiter >].

6 Anschließend tragen Sie den Namen für das Konto ein, unter dem Sie es im Konto-Manager führen möchten,

Wie wollen Sie das Konto bei der Quelle Bank nennen?
Visa / EuroCard / AMEX

und klicken auf die Schaltfläche [Weiter >].

7 Geben Sie nun in das Feld

Wie lautet die Kontonummer?
4568 9876 1234 5678

die Kreditkartennummer ein. In das nächste Dialogfenster gelangen Sie erneut mit einem Klick auf die Schaltfläche [Weiter >].

8 Sofern Sie Ihr Kreditkartenkonto rückwirkend vom ersten Tag an verwalten wollen, geben Sie als Kontostand 0 (Null) ein und arbeiten die in der Vergangenheit getätigten Buchungen später ein.

Wie hoch sind Ihre Verbindlichkeiten für diese Kreditkarte?
0,00

Sie können sich diese Arbeit aber auch sparen: Geben Sie einfach den Schlußsaldo Ihrer letzten Abrechnung ein, wenn Sie diese noch nicht auf dem Konto verbucht haben, von dem aus das Kreditkartenkonto seine Deckung erfährt.

Ändern Sie die Währung des Kreditkartenkontos, falls Sie die Kreditkarte über eine ausländische Bank beziehen.

Welche Währung hat dieses Konto?
Deutsche Mark

Mit einem Klick auf die Schaltfläche [Weiter >] gelangen Sie in das nächste Dialogfenster.

9 Legen Sie nun fest, auf welche Art Sie Ihr Kreditkartenkonto ausgleichen möchten. Die meisten Kreditkartenkonten werden monatlich ausgeglichen. Wählen Sie die Art des Ausgleichs

○ Ratenzahlung

Wenn Sie Ihren Kontosaldo nicht monatlich ausgleichen müssen, besitzen Sie eine Kreditkarte mit Ratenzahlung. Für diese Kreditkartenkonten wird der Sollsaldo verzinst.

⦿ Monatlicher Ausgleich

Wenn Sie Ihren Kontosaldo monatlich ausgleichen müssen, besitzen Sie eine Kreditkarte mit monatlichem Ausgleich. Für diese Kreditkartenkonten wird kein Zins berechnet.

und klicken Sie auf die Schaltfläche [Weiter >].

10 Auch Kreditkarten können Sie nicht unbegrenzt belasten. Bestimmen Sie, bis zu welcher Summe Sie im Monat maximal Abbuchungen, also Einkäufe, vom Kreditkartenkonto tätigen können. Diese Summe ist in der Abrechnung vermerkt.

Wie hoch ist die gesamte Kreditlinie für dieses Konto?

12.000,00

Ein Klick auf die Schaltfläche [Weiter >] bringt Sie in das nächste Fenster.

11 Wer die Ausgaben mit seiner Kreditkarte genau festhalten möchte, sollte auf die Funktion „AutoSaldo“ verzichten und statt dessen alle Buchungen von Hand vermerken.

⦿ Jede Kreditkartenbelastung einzeln aufzeichnen

Wählen Sie diese Option, wenn Sie einzelne Kontobelastungen aufzeichnen möchten.

○ Keine einzelnen Kreditkartenbelastungen aufzeichnen

Wählen Sie diese Option, wenn Sie Ihren Kontosaldo monatlich ausgleichen und einzelne Belastungen nicht aufzeichnen möchten. Für dieses Konto wird dann AutoSaldo durchgeführt.

Entscheiden Sie, ob Sie die Funktion „AutoSaldo“ verwenden wollen, und klicken Sie auf die Schaltfläche [Weiter >].

12 Wenn Sie regelmäßig mit Ihrer Kreditkarte einkaufen, sollten Sie den Ausgleich zu der Liste der regelmäßigen Zahlungen hinzufügen, damit auch Money die Karte bei Analysen berücksichtigen kann.

Aktivieren Sie hierzu das **Kontrollkästchen**

☑ Ja, bei Fälligkeit der Zahlung erinnern

Geben Sie als nächstes den Betrag ein, den Sie durchschnittlich jeden Monat mit Ihrer Kreditkarte ausgeben.

Geschätzter monatlicher Betrag: 600,00

Banken und Kreditkartengesellschaften buchen den Ausgleich gewöhnlich zu einem festen Datum von Ihrem Konto. Legen Sie das Datum für die nächste Buchung fest

Zahlung wieder fällig am: 17.01.1998

und wählen Sie das Konto, von dem das Institut den aufgelaufenen Betrag abbucht.

Ausgabe zahlen von Konto: Girokonto

Klicken Sie abschließend auf die Schaltfläche [Weiter >].

13 Sofern Sie über weitere Kreditkarten bei der aktuellen Bank verfügen, können Sie diese umgehend eingeben.

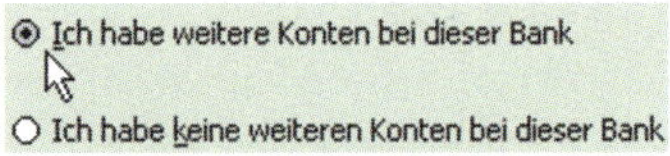

Andernfalls wählen Sie

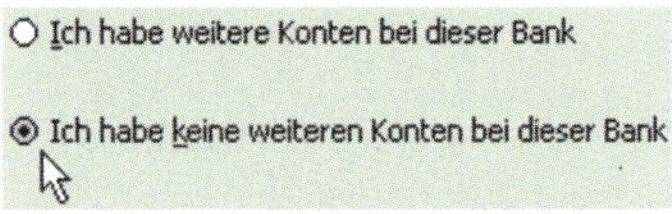

und klicken auf die Schaltfläche 

.

Weitere Konten erstellen

Neben dem Girokonto, dem Portemonnaie und einer Kreditkarte können Sie weitere Konten mit Money erstellen.

- **Sparkonto:** Wählen Sie als Kontoart den Eintrag

und als Zweck die Option

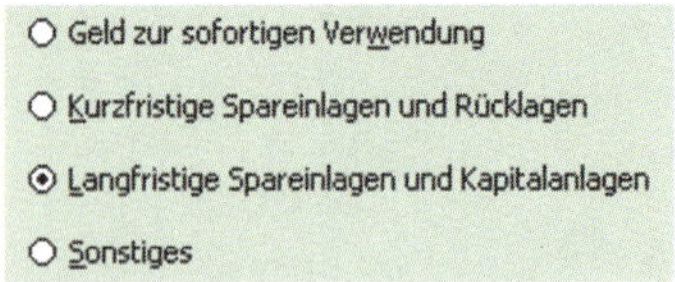

- **Anlagekonto:** Um Ihr Vermögen zu verwalten, können Sie in Money ein „Anlagekonto" erstellen. In einem Anlagekonto werden Ihre Sachwerte, wie Schreibtisch, Computer und Programme, aufgelistet und die Kosten des Kaufes aufgezeichnet.

Auf diese Weise haben Sie jederzeit einen Überblick über den aktuellen Vermögensstand bestimmter Anlagegüter. Wenn Sie zum Beispiel eine Geschäftsversicherung abschließen möchten, wird die Versicherungsagentur Sie nach den Werten befragen, die sich im Büro befinden. Anstatt nun von der Glühbirne bis hin zu allen Schreibtischutensilien alle Werte einzeln aufzulisten, legen Sie einfach einen Vermögensbericht in Money an. Dadurch können Sie innerhalb weniger Sekunden einen Anhaltspunkt für den Versicherungswert angeben.

Wählen Sie unter Kontoart den Eintrag „Anlagekonto"

! Das eigene Haus verwalten

Falls Sie ein eigenes Haus besitzen, können Sie den Wert Ihres Hauses mit einem „Anlagekonto für ein Haus" verfolgen. Jede Renovierung wird sorgfältig aufgezeichnet, um entweder der Versicherung einen höheren Hauswert oder einem Kaufinteressenten die erbrachten Leistungen und deren Wert anzeigen zu können.

und geben Sie auf der nächsten Seite den Namen und das Datum des Anlagekaufs ein.

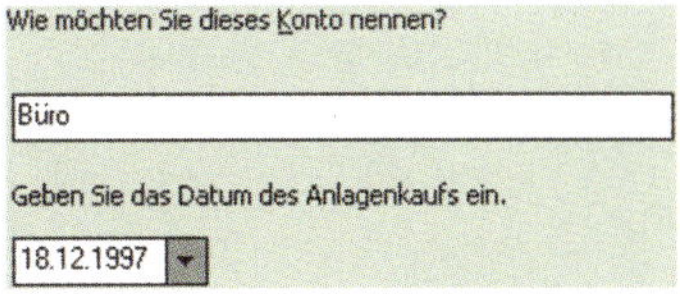

Allgemeine Einstellungen vornehmen

Sie können Money ganz nach Ihren persönlichen Wünschen konfigurieren. Die Einstellungen betreffen nicht nur die Darstellung des Money-Programmfensters auf Ihrem Bildschirm, sondern auch die Art der Dateneingabe oder die Anzeige von Aufforderungen oder Erinnerungen an fällige Termine.

1 Klicken Sie in der Menüleiste auf den Eintrag Extras, und wählen Sie im geöffneten Extras-Menü den Befehl

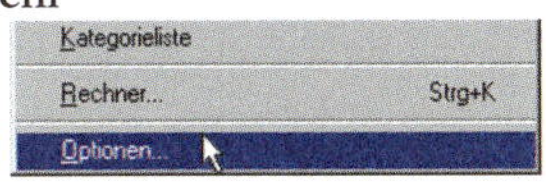

2 In der Registerkarte Allgemein nehmen Sie die Grundeinstellungen vor.

- Wählen Sie zunächst, welchen Bereich Money 98 beim Start darstellen soll.

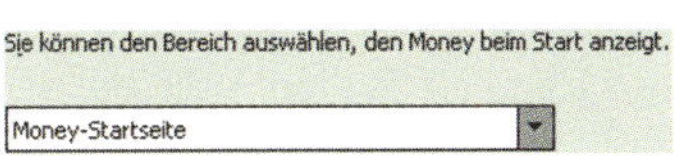

- Deaktivieren Sie bei Bedarf die farbige Darstellung der Berichte und Diagramme, indem Sie das Kontrollkästchen ☑ Berichte und Diagramme farbig anzeigen ausschalten.

- Wenn Sie über einen Farbdrukker verfügen, können Sie die Berichte und Diagramme farbig ausgeben. Aktivieren Sie hierzu das Kontrollkästchen ☑ Berichte und Diagramme farbig und dreidimensional drucken

- Ist das Kontrollkästchen ☑ Finanzratgeber anzeigen aktiviert, erhalten Sie Hinweise, Tips und Tricks vom Finanzratgeber.

- Damit Sie niemals Opfer eines Festplatten-GAUs werden, sollten Sie Ihre Buchungen nicht nur auf der Festplatte speichern, sondern zusätzlich bei jedem Programmende auf eine Diskette kopieren. Wählen Sie hierzu den Eintrag

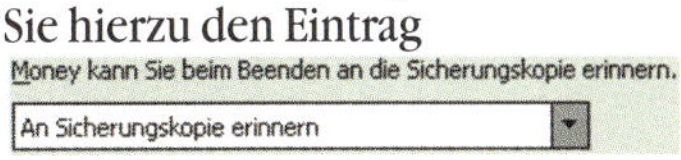

! Sicherungskopie auf Diskette

Es ist übrigens wenig ratsam, die Sicherungskopie ebenfalls auf die Festplatte zu kopieren!
Sie sollten ein Diskettenlaufwerk für die Sicherungskopie auswählen.

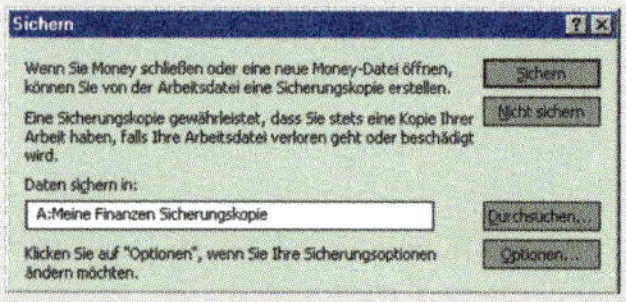

Falls nämlich die originale Money-Datei, in der sich alle Buchungen befinden, einmal beschädigt sein sollte, brauchen Sie die Sicherungsdatei nur in das entsprechende Verzeichnis zu kopieren.

- Bei jedem Programmstart wird eine Sounddatei abgespielt. Um diese Einstellung zu löschen, entfernen Sie im Kontrollkästchen

Sound kann ein- und ausgeschaltet werden.

☑ Sound abspielen

das Häkchen.

3 In der Registerkarte Bearbeiten legen Sie die Bearbeitungsoptionen fest.

- Mit der „AutoErgänzen-Funktion“ können Sie die Fehlerhäufigkeit bei der Eingabe von Namen und Kategorien verringern. Sobald Sie das Kontrollkästchen ☑ AutoErgänzen verwenden ankreuzen, erkennt Money bei der Eingabe eines Namens oder einer Kategorie schon nach den ersten drei Zeichen, welcher Name oder welche Kategorie gemeint ist.

- Mit dem markierten Kontrollkästchen ☑ Kategorienlisten automatisch öffnen stellt Money geöffnete Listen dar, über die Sie in die Felder für Kategorie und Unterkategorie gelangen.

Mit der Pfeiltaste [↓] können Sie die gewünschten Einträge auswählen und durch Betätigen der [Tab]- oder [Enter]-Taste das nächste Feld erreichen. Auch im Feld für die Zuweisung einer Unterkategorie können Sie nach dem gleichen Muster arbeiten.

- Mit Hilfe der Option

☐ Dezimaltrennzeichen automatisch in Betragsfeld einfügen

können Sie die Beträge Ihrer Buchungen bequem auf dem Nummernblock Ihrer Tastatur eingeben, ohne dabei Dezimaltrennzeichen tippen zu müssen. Schreiben Sie beispielsweise die Zahl „2950“, so formatiert Money diese Eingabe in den Dezimalwert „29,50“.

- Die aktivierte Option

☐ Eingabetaste verwenden, um zwischen Feldern zu wechseln

bewirkt, daß Sie sich mit der [Enter]-Taste innerhalb der Felder eines Buchungssatzes bewegen können. Wenn Sie diese Option ausgeschaltet haben, müssen Sie mittels der ⇆-Taste von einem Feld zum anderen springen. Vor allem Buchhalter werden gerne von dieser Einstellmöglichkeit Gebrauch machen, weil sie die meisten Buchungen über den Nummernblock der Tastatur vornehmen. In einem solchen Fall brauchen Sie also nicht von der rechten Seite der Tastatur, auf der sich der Nummernblock befindet, zur linken Seite zu wechseln, auf der sich die ⇆-Taste befindet. In der täglichen Arbeit ist diese Einstellung von großem praktischen Nutzen.

● Falls Sie viele Buchungen in Money eingeben, können Sie einen Arbeitsschritt einsparen, indem Sie das Kontrollkästchen

☐ Nach Eingabe in Buchungsformular automatisch neue Buchung erstellen

aktivieren.

Nachdem Sie die Eingabe einer Buchung abgeschlossen haben, wird in diesem Fall automatisch ein neues Formular geöffnet.

● Sofern Sie bei der Eingabe von Buchungen auf die Buchungsformulare verzichten möchten, deaktivieren Sie das Kontrollkästchen

☑ Buchungsformulare zum Eingeben/Ändern von Buchungen verwenden

● Wollen Sie bei Änderungen von bereits eingegebenen Buchungen gefragt werden, ob Sie die Buchung tatsächlich ändern möchten? Dann aktivieren Sie das Kontrollkästchen

☑ Änderungen an Buchungen bestätigen

● Durch Aktivierung des Kontrollkästchens

☑ Neue Empfänger bestätigen

erscheint ein Meldungsfenster am Bildschirm, um einen noch nicht in der Money-Empfängerliste vorhandenen Namen aufzunehmen.

Da es oftmals nicht nötig ist, jeden neuen Namen, der in das Eingabefeld „Empfänger" geschrieben wird, automatisch auch in die Empfängerliste aufzunehmen, sollte dieses Kontrollkästchen unbedingt aktiviert werden. So läßt sich verhindern, daß Namen, denen nur ein- oder zweimal eine Buchung zugewiesen wird, in der Empfängerliste ein trostloses Schattendasein fristen und das Aufrufen tatsächlich benötigter Namen erschweren, weil die Liste viel zu lang geworden ist.

● In der Regel sind abgestimmte Buchungen auf ihre Richtigkeit überprüft worden. Da sie beim Abstimmen eines Kontos auf den neuen Kontostand aufgerechnet wurden, sollten abgestimmte Buchungen nicht mehr verändert werden. Dennoch kann es Situationen geben, in denen solche Buchungssätze verändert werden müssen. Das ist auch jederzeit möglich. Es ist allerdings trotzdem ratsam, das Kontrollkästchen

☑ Beim Ändern von abgestimmten Buchungen Warnung anzeigen

zu aktivieren, weil Money bei dem

unbeabsichtigten Versuch, eine solche Buchung zu verändern, dann ein warnendes Meldungsfenster auf dem Bildschirm darstellt.

Durch Betätigen der Schaltfläche OK ist eine Veränderung möglich. Mit Abbrechen wird das Meldungsfenster ausgeblendet. Bedenken Sie jedoch, daß eine Veränderung von Beträgen zu falschen Ergebnissen bei der erneuten Abstimmung des Kontos führen kann.

4 Änderungen an den vorhandenen Kategorien und weitere Einstellungen hierzu sind Inhalt der Registerkarte Kategorien.

Wenn Sie eine Buchung ohne Kategorie eingeben, haben Ihre Auswertungen und Berichte mit Money nicht die optimale Aussagekraft und können lückenhaft sein. Über das Kontrollkästchen

☑ Kategorie für jede Buchung erforderlich

mahnt das Programm allerdings für jede Buchung die Zuweisung einer Kategorie an.

Falls Sie das Feld für die Eingabe einer Unterkategorie ohne eine entsprechende Auswahl bestätigt haben, erscheint ein Meldungsfenster und fordert Sie zur Zuweisung einer Kategorie auf.

Ebenfalls die Zuweisung von Kategorien betrifft das Kontrollkästchen

☑ Korrekter Kategorietyp für jede Buchung erforderlich (Ausgabekategorien gelten z.B. nur für Ausgaben)

Die Aktivierung dieses Kontrollkästchens bewahrt Sie vor versehentlichen Falschbuchungen. Money erkennt anhand der Zuweisung eines Betrages in das Feld „Zahlung“ oder „Einzahlung“, ob die Buchung einer Ausgaben- oder Einnahmenkategorie zugewiesen werden muß. Falls Sie aber einen Betrag, den Sie ausgegeben haben, versehentlich in das Feld „Einnahme“ gebucht haben, wird dieser Fehler spätestens dann aufgedeckt, wenn die Buchung einer Ausgabenkategorie zugewiesen wird.

Sofern Sie umsatzsteuerpflichtig sind, können Sie Money 98 anweisen, die **Umsatzsteuer** bei Buchungen zu berücksichtigen. Aktivieren Sie hierzu das Kontrollkästchen

☑ Umsatzsteuer (USt.) berücksichtigen

Um Ihnen die Arbeit mit Kategorien zu erleichtern, verfügt Money 98 über Standardkategorien. Wenn Sie Daten aus einem anderen Programm übernommen haben, müssen Sie die Standardkategorien erneut einrichten. Klicken Sie auf die Schaltfläche

Wiederherstellen

Möchten Sie ungenutzte Kategorien entfernen, damit Sie die Übersicht nicht verlieren? Dann klicken Sie auf die Schaltfläche

Entfernen

5 Die Registerkarte `Info` enthält Informationen über den Anwender - also Sie.

- Füllen Sie die Felder im Bereich

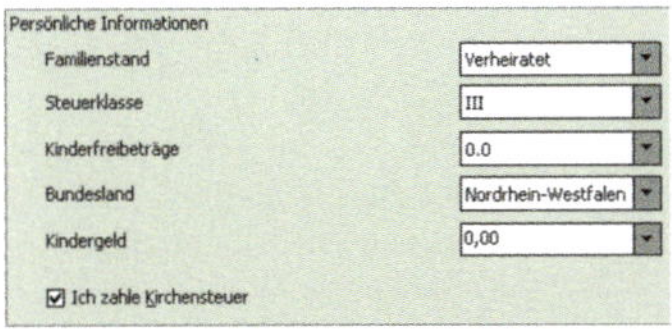

aus. Das hat den Vorteil, daß Sie die hier eingegebenen Informationen zu einem späteren Zeitpunkt bei der Benutzung von Strategen nicht mehr eingeben müssen, da diese zunächst auf die Informationen aus der Registerkarte `Info` zurückgreifen.

- Wenn Sie einen Steuerberater mit der Abwicklung Ihrer Steuern beauftragen, können Sie ihm Ihre Daten im DATEV-Format zukommen lassen. Klicken Sie in diesem Fall auf den Abwärtspfeil neben dem Feld `Für diese Datei erforderliche Kategorien: Standardkategorien` und wählen Sie aus der Liste den Eintrag

6 In der Registerkarte `Zahlungen` können Sie die Einstellungen für Zahlungen ändern.

- Wenn Sie von Money an die Fälligkeit einer Zahlung erinnert werden möchten, geben Sie im Bereich

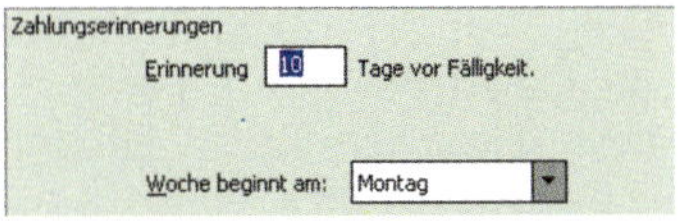

die Vorlaufzeit für die Zahlungserinnerung ein. Voraussetzung für die rechtzeitige Erinnerung ist jedoch, daß Money einmal täglich gestartet wird. Ohne diesen täglichen Start ist das Programm nicht in der Lage, eine Fälligkeit festzustellen.

- Bei Aktivierung des Kontrollkästchens

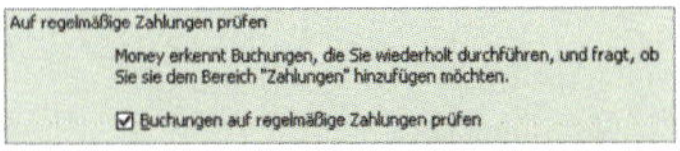

achtet Money auf Buchungen, die Sie wiederholt eingeben, und fragt, ob Sie die Buchungen dem Zahlungskalender hinzufügen möchten.

7 Beim Zugriff auf **Online-Dienste** können unterschiedliche Daten übertragen werden. In der Registerkarte `Online-Dienst` nehmen Sie entsprechende Einstellungen vor.

- Welche Daten Sie bei einer Verbindung von Money mit dem Internet übertragen, wählen Sie im Bereich

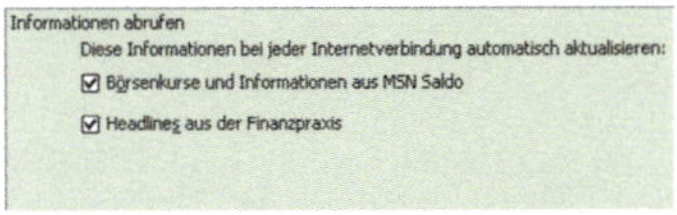

indem Sie die jeweiligen Kontrollkästchen aktivieren.

● Beim Online-Banking, können Sie festlegen, welche Informationen beim Abruf von Kontoauszügen übertragen werden und wie Money diese verwaltet. Aktivieren Sie die gewünschten Optionen beziehungsweise geben Sie den Zeitraum ein, in dem Money übereinstimmende Buchungen suchen soll.

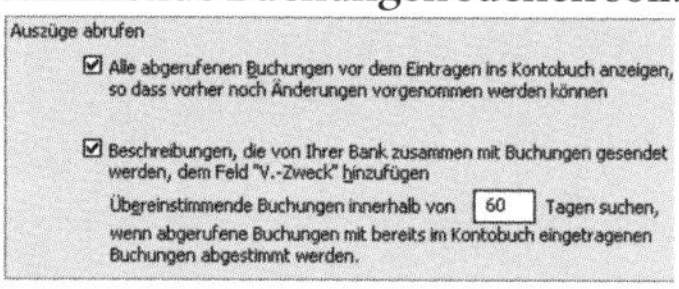

8 Einstellungen für den Ausdruck von Überweisungsträgern nehmen Sie in der Registerkarte Überweisungen drucken vor.

● Aktivieren Sie das Kontrollkästchen

☑ Hinweis bei vordatierten Überweisungen

falls Sie das Datum des Ausführungstages am Drucktag einsetzen möchten.

● Wenn Sie beim Ausdruck von Überweisungsbögen feststellen, daß die Inhalte versetzt und nicht in die korrekten Felder gedruckt wurden, müssen Sie Ihren Drucker an den Überweisungsbogen anpassen. Geben Sie im Bereich

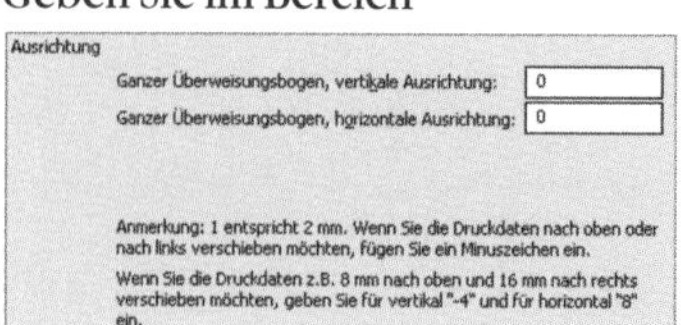

die vertikale und horizontale Verschiebung an.

9 Für Einstellungen von Kapitalanlagen aktivieren Sie die Registerkarte Kapitalanlagen.

● Im Gruppenfeld

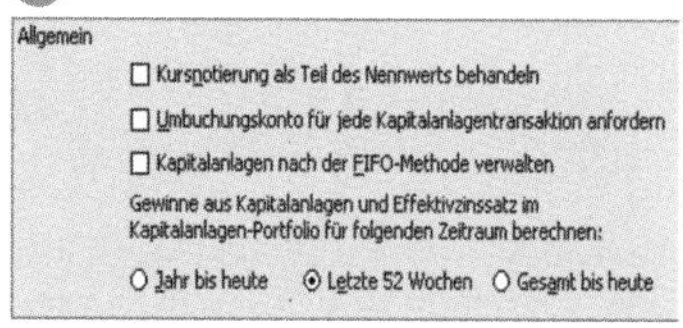

können Sie mit dem Kontrollkästchen

☐ Kursnotierung als Teil des Nennwerts behandeln

die Eingabeform von Rentenpapieren einstellen. Da diese üblicherweise nicht in DM-Beträgen, sondern als Prozentwert vom Nennwert angegeben werden (zum Beispiel 98,05%), müssen Sie dieses Kontrollkästchen ankreuzen, sofern Sie Rentenpapiere im Depot haben.

● Immer wenn Sie ein Wertpapier kaufen, heben Sie von einem Konto Geld ab, um das Wertpapier damit zu bezahlen. Bei Ihrer Bank benennen Sie einmal das Konto, auf dem die Kosten für Ihre Transaktionen belastet werden sollen. Man nennt dieses Konto auch „Verrechnungskonto“. Damit die Buchungen innerhalb von Money eindeutig sind, sollte jede Anschaffung eines Wertpapiers auch eine Belastung auf dem Verrechnungskonto zur Folge haben. Damit dies sichergestellt ist, kann Money Sie immer dann erinnern, wenn Sie kein Verrechnungskonto angegeben haben. Kreuzen Sie hierzu das Kontrollkästchen „Umbuchungskonto für jede Kapitalanlagentransaktion anfordern“ an.

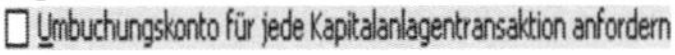

Eine sehr wichtige Einstellungsmöglichkeit finden Sie im Gruppenfeld „Kapitalgewinne“

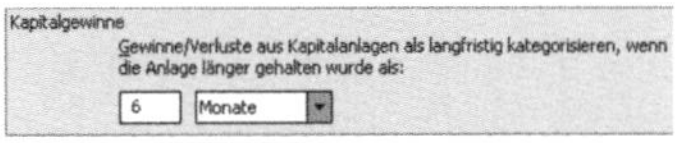

In Deutschland müssen Sie derzeit den Gewinn aus Wertpapiergeschäften mit Ihrem persönlichen Einkommensteuersatz versteuern, sofern zwischen Kauf und Verkauf eines Wertpapiers weniger als sechs Monate liegen. Damit Money dies in seinen Auswertungen berücksichtigen kann und „steuerfreie“ Wertpapiergeschäfte erkennt, muß an dieser Stelle die korrekte Zeit der sogenannten „Spekulationsfrist“ angegeben werden. Da die Bundesregierung zur Zeit eine Änderung des Steuergesetzes plant, müssen Sie an dieser Stelle möglicherweise eine andere Angabe machen.

10 Die Einstellungen in der Registerkarte Währungen sind vor allem dann interessant, wenn Sie im Ausland arbeiten und dort Rechnungen bezahlen.

Zunächst verwendet Money 98 „DM“ als Standardwährung. Um eine andere Standardwährung einzustellen, markieren Sie die Währung in der Liste per Mausklick

und klicken danach auf die Schaltfläche

Sofern Sie auch Zahlungen in fremden Währungen tätigen, müssen Sie Money den Wechselkurs der verwendeten Währungen mitteilen. Markieren Sie die Währung in der Währungsliste, und geben Sie im folgenden Bereich den Wechselkurs ein:

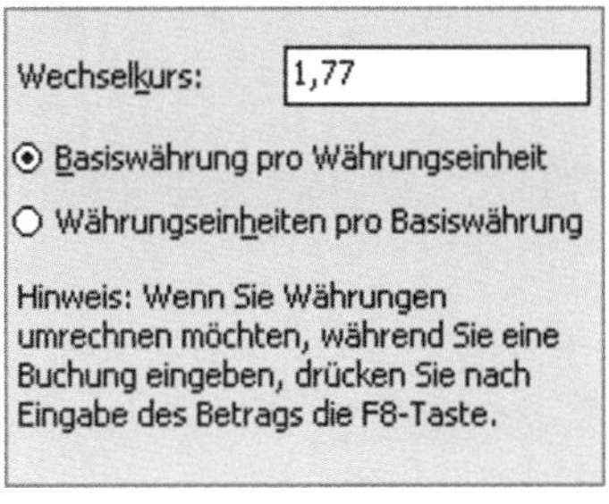

11 In der Registerkarte Zahlungserinnerung können Sie die Zahlungserinnerung aktivieren. Markieren Sie hierzu das Kontrollkästchen ☑ Zahlungserinnerung verwenden. Falls Sie es lästig finden, das Kennwort Ihrer Money-Datei für Zahlungserinnerungen in jeder Windows-Sitzung immer wieder neu eingeben zu müssen, aktivieren Sie das Kontrollkästchen

☑ Kennwortabfrage nur einmal je Sitzung

12 Die Einstellungen in der Registerkarte Planer werden von den Strategen verwendet. Geben Sie hier die Inflationsrate und Ihren durchschnittlichen Steuersatz ein.

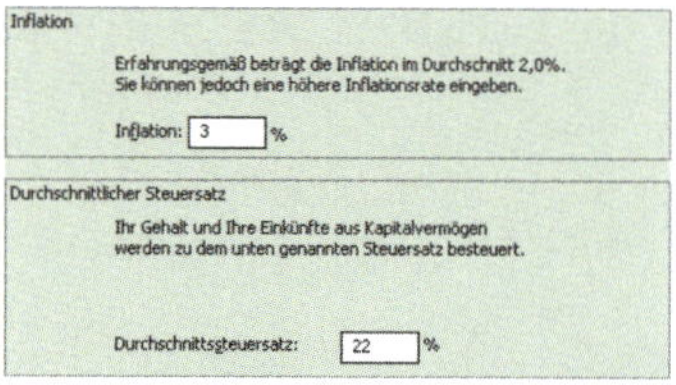

Wenn Sie mit dem Schuldentilgungsplaner einen Plan zur Abtragung Ihrer Schulden erstellt haben und diesen Plan löschen möchten, klikken Sie auf die Schaltfläche

Schuldenplan zurücksetzen

Money mit einem Kennwort schützen

In Ihrer Money-Datei sind alle Informationen über Sie und Ihre Finanzen enthalten. Damit Unbefugte keinen Zugriff auf Ihre Daten haben, sollten Sie Ihre Datei unbedingt mit einem Paßwort schützen!

1 Klicken Sie mit der linken Maustaste in der Menüleiste auf Datei, und wählen Sie im geöffneten Datei-Menü den Befehl

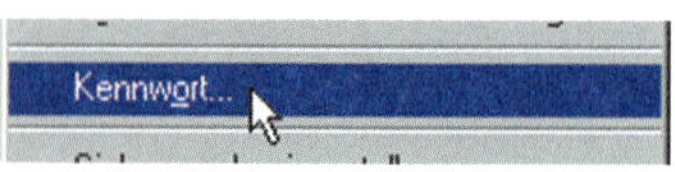

2 Geben Sie im Dialogfenster Neues Kennwort das gewünschte Kennwort für die Money-Datei ein.

Wählen Sie als Kennwort eine Zeichenkette, die Sie sich leicht merken können, die jedoch nicht so ohne weiteres zu erraten ist.

! Wahl des Kennworts

Den Namen Ihrer Frau oder die Namen Ihrer Kindern sollten Sie also nicht wählen, da dies zu naheliegend wäre. Wählen Sie lieber eine Zeichenkette, die in keinem Zusammenhang mit Ihnen steht, und fügen Sie zusätzlich Ziffern in das Kennwort ein. Das erschwert Unbefugten das Erraten des Kennworts.

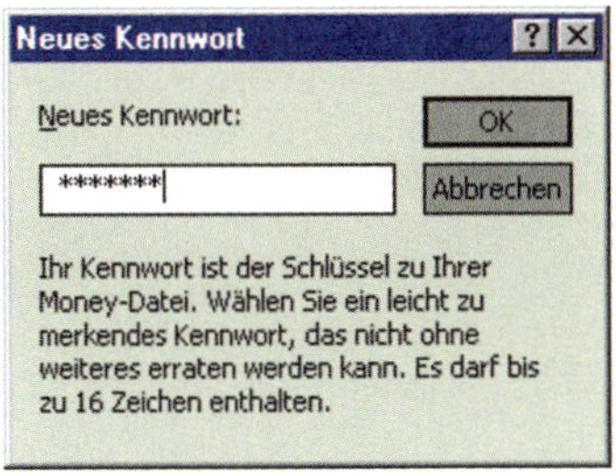

Bei der Eingabe des Kennworts werden die von Ihnen eingetippten Zeichen nicht dargestellt. Statt dessen erscheint für jedes eingegebene Zeichen ein Sternchen (*).

3 Bestätigen Sie das eingegebene Kennwort mit OK.

4 Anschließend tragen Sie das Kennwort im Dialogfenster erneut ein.

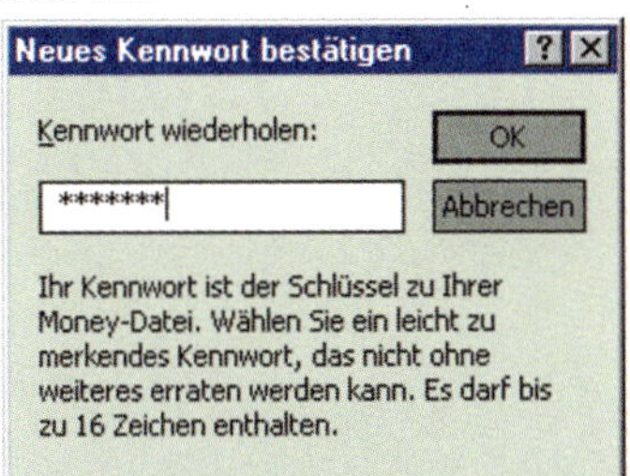

> **! Kennwort vergessen?**
>
> Sie müssen sich Ihr Kennwort unbedingt merken! Andernfalls erhalten Sie keinen Zugriff auf Ihre Money-Datei!

Auf diese Weise bestätigen Sie das blind eingegebene Kennwort.

5 Wenn Sie nun erneut auf die Schaltfläche OK klicken, wird das Kennwort in Ihre Money-Datei eingetragen.

6 Beim nächsten Start von Money 98 müssen Sie zunächst das Kennwort eingeben, bevor Sie auf Ihre Daten zurückgreifen können.

Tippen Sie Ihr Kennwort im entsprechenden Dialogfenster ein, und bestätigen Sie Ihre Eingabe mit OK.

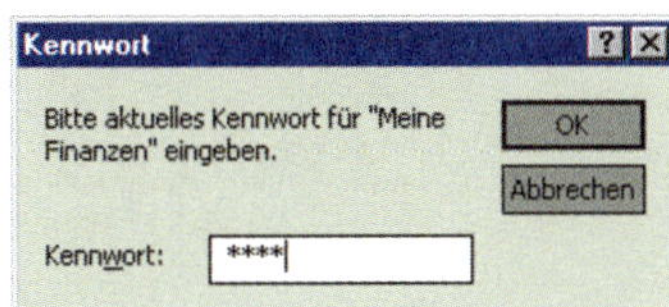

Wenn Sie ein falsches Kennwort eingegeben oder sich vertippt haben, weist Money Sie auf das fehlerhafte Kennwort hin.

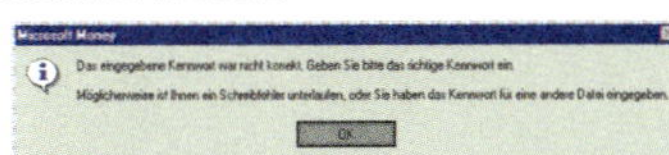

Dann müssen Sie den Hinweis nur mit OK bestätigen und können das Kennwort danach erneut eingeben.

7 Klicken Sie im Dialogfenster Kennwort auf die Schaltfläche Abbrechen, werden Sie wieder darauf hingewiesen, daß die Datei ohne Kennwort nicht geöffnet werden kann. Nachdem Sie diesen Hinweis mit OK bestätigt haben, können Sie jedoch im Dialogfenster Datei erforderlich auf eine andere Money-Datei zurückgreifen.

Sofern Sie die Sicherheitskopie der aktuellen Datei wiederherstellen möchten, klicken Sie auf die Schaltfläche

Sicherung wiederherstellen...

Im Dialogfenster Sicherung wiederherstellen werden hierzu der Pfad zur letzen Sicherungskopie sowie der Dateiname dargestellt. Klicken Sie auf die Schaltfläche Wiederherstellen, damit die Sicherheitskopie wiederhergestellt wird. Sie müssen aber auch für die Sicherungskopie das nötige Kennwort eingeben!

8 Falls Sie auf eine andere Money-Datei zurückgreifen wollen, klikken Sie im Dialogfenster Datei erforderlich auf die Schaltfläche

Datei öffnen... .

Markieren Sie im Dialogfenster Öffnen die Datei, die geöffnet werden soll,

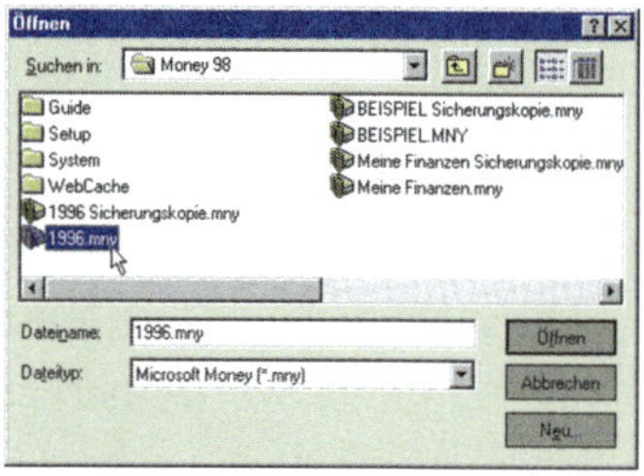

und klicken Sie auf die Schaltfläche Öffnen .

3 Bedienung von Money 98

Dieses Kapitel erläutert Ihnen die wichtigsten Befehle und Elemente, die Sie zum täglichen Arbeiten mit Money 98 benötigen.

Erst durch ökonomisches Arbeiten, also mit den „kürzesten Wegen“, können Sie Money so effizient wie möglich nutzen.

Jede Einnahme und Ausgabe, und sei sie noch so klein, gehört nun aufgezeichnet. Nur so ist Money in der Lage, Ihnen jederzeit Rede und Antwort zu stehen auf die drängende Frage „Wo ist eigentlich mein Geld geblieben?“

Gewöhnen Sie sich also an, jede Transaktion, ganz gleich, ob auf dem Girokonto, Sparbuch oder im Portemonnaie, in Money einzutragen.

Im einzelnen erfahren Sie in diesem Kapitel,

- wie Sie Einkäufe verbuchen und Zahlungen verwalten,
- wie Sie Empfängernamen erfassen,
- wie Sie Buchungen Kategorien zuordnen,
- wie Sie eine Buchung auf mehrere Kategorien aufsplitten,
- und wie Sie Überweisungen drucken und Ihr Konto abstimmen.

Kapitel-Wegweiser

Wenn Sie etwas gekauft haben ... 34
Regelmäßige Zahlungen verwalten ... 36
Empfängernamen speichern und verwalten ... 37
Kategorien verwenden ... 39
Eine Buchung „splitten“ ... 40
Eine Überweisung drucken ... 41
Das Konto „abstimmen“ ... 42

Wenn Sie etwas gekauft haben

Um Ihre Finanzen mit Money 98 zu verwalten, ist natürlich Disziplin notwendig. Denn wenn Sie eine wirklich umfassende Übersicht über Ihre Einnahmen und Ausgaben haben wollen, müssen Sie diese auch alle in Money 98 eingeben. Sammeln Sie also fortan Quittungen und Belege, damit Sie diese später vollständig verbuchen können.

1 Um beispielsweise die frischen Brötchen vom Bäcker nebenan vermerken zu können, die Sie aus Ihrem Portemonnaie bezahlt haben, müssen Sie zunächst das entsprechende Konto aufrufen. Am unteren Rand Ihres Bildschirms sehen Sie eine **Eingabemaske** , in der Sie zunächst die Felder Ausgabe und Neu anklicken. Daraufhin wird automatisch das Datumsfeld aktiviert. Falls das Belegdatum nicht mit dem aktuellen Tagesdatum übereinstimmt, können Sie es ohne weiteres ändern: Nach Betätigen der [-]-Taste wird das Datum um einen Tag zurück-, mit einem Druck auf die [+]-Taste um einen Tag nach vorn versetzt.

2 Drücken Sie anschließend die Tabulatortaste. Jetzt springt Ihr Cursor zum nächsten Feld: „**Empfänger**". Geben Sie hier den Namen Ihres Bäckers ein, und drücken Sie erneut die Tabulatortaste. Es folgt die Eingabe des Geldbetrages.

! Money-Taschenrechner

Wenn Sie an dieser Stelle mehrere Beträge zu einem Gesamtsumme zusammenfassen möchten, brauchen Sie nach Eingabe des ersten Wertes nur die [+] -Taste zu drükken.

Danach klappt automatisch ein Rechner auf, der es Ihnen erlaubt, die vier Grundrechenarten auszuführen. Sie beenden die Rechenoperation mit einem Klick auf das Gleichheitszeichen oder durch Betätigen der Eingabetaste und drükken anschließend erneut die Tabulatortaste.

3 Nun können Sie festhalten, wofür Ihr Geld ausgegeben wurde. Ein Listenfeld klappt auf, aus dem Sie mit Hilfe der kleinen ab- oder aufwärts weisenden Pfeile eine erste Vorauswahl treffen können. In unserem Beispiel der frischen Brötchen bietet sich die Kategorie „Essen“ an.

Es ist aber auch möglich, einen ganz anderen Namen einzutippen. Die von Money 98 vorgeschlagene Liste soll Ihnen nur als ein frei veränderbares Grundgerüst dienen. Sobald Sie die gewünschte Kategorie bestimmt haben, können Sie nach erneutem Drücken der Tabulatortaste mit Hilfe der Unterkategorie

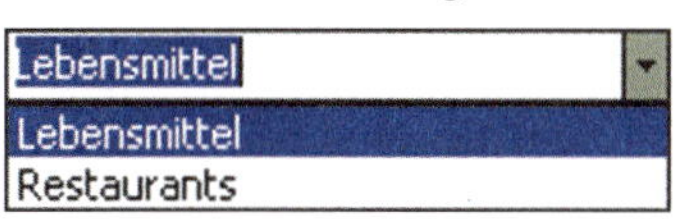

eine noch feinere Bestimmung festlegen. Die frischen Brötchen sollten beispielsweise als „Lebensmittel“ Eingang in Ihre persönliche Buchführung finden.

4 Um auch zu einem späteren Zeitpunkt genau nachvollziehen zu können, welche Gegenstände Sie angeschafft haben, können Sie nach einem erneuten Druck der Tabulatortaste einen Verwendungszweck eingeben. Im Falle einer Rechnung, die Sie mit Money 98 begleichen, beispielsweise die Rechnungsnummer und den Grund der Rechnung.

5 Sie können bei allen Konten nun noch eine fortlaufende Nummer vergeben. Das kann entweder eine Schecknummer sein oder einfach eine Ziffer, die anzeigt, wieviel Bewegung gerade auf diesem Konto stattfindet. Wenn Sie zu einem späteren Zeitpunkt wieder zu diesem Konto zurückkommen und den entsprechenden Wert um „1“ erhöhen möchten, so genügt es, auf Ihrer Tastatur die [+]-Taste zu drücken, sobald sich Ihr Cursor in dem Feld [Nr.] befindet.

6 Sie haben nun alle wichtigen Eingaben vorgenommen und können mit einem Klick auf [Eintragen] Ihre erste Buchung abschließen.

Regelmäßige Zahlungen verwalten

Ein nicht unerheblicher Teil Ihrer Ausgaben dürfte regelmäßig anfallen. Da ist nicht nur die Miete, sondern auch der Kegelabend alle zwei Wochen, der monatliche Großeinkauf beim Supermarkt oder die Telefonrechnung. Sie können solche Ausgaben - aber auch Einnahmen wie zum Beispiel Ihr Gehalt - als regelmäßig eingeben und sich von Money 98 sowohl daran erinnern, als auch die Eingabe erleichtern lassen.

1 Über die Schaltfläche Zahlungen in Ihrer Navigationsleiste gelangen Sie zur Übersicht der regelmäßigen Zahlungen. Um eine Eintragung vorzunehmen, klicken Sie auf Neue Zahlung... und legen nun fest, um welche Art der regelmäßigen Geldbewegung es sich handelt. Wenn Sie beispielsweise Ihre Mietzahlung eingeben wollen, markieren Sie mit der linken Maustaste den Begriff ⊙ Zahlung und klicken anschließend zweimal auf Weiter >.

2 Es erscheint eine Eingabemaske, in der Sie nun alle notwendigen Daten eintragen können. Zunächst legen Sie fest, in welchen Abständen die Geldbewegung stattfinden wird: Klicken Sie hierzu auf den abwärts weisenden Pfeil neben dem Eingabefeld „Häufigkeit“, und wählen Sie den erforderlichen Wert per Mausklick.

Häufigkeit: Monatlich

Anschließend navigieren Sie wie gewohnt mit der Tabulatortaste durch die weiteren Angaben.

Lassen Sie dabei das Feld Nummer: bitte frei! Diese sollten Sie erst vergeben, wenn die Buchung tatsächlich in Ihrem Konto auftaucht. Als Datum geben Sie entweder den Tag ein, an dem die letzte Buchung stattfand, oder wann sie das nächste Mal ausgeführt werden soll. Sobald Sie alle Angaben gemacht haben, klicken Sie auf „OK“. Money 98 wird Sie von nun an beim Erreichen des nächsten Fälligkeitstermin auf der Startseite daran erinnern.

3 Wenn Sie zu einem späteren Zeitpunkt mit Money 98 arbeiten und dabei auf Ihrer Startseite sehen, daß eine Zahlung fällig ist, so genügt ein Klick auf die entsprechende Zeile, um in das Fenster Zahlungen zu gelangen.

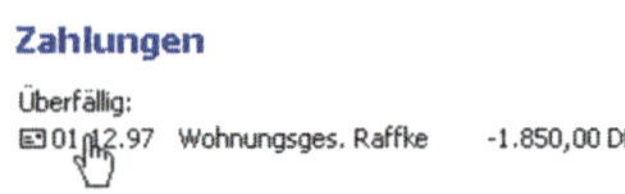

Dort sind tabellarisch alle Zahlungen aufgelistet, die Sie noch nicht verbucht haben. Um diese tatsächlich in Ihr Money-98-Konto zu übertragen, können Sie am rechten Rand der Tabelle das kleine Kästchen anklicken und anschließend „Jetzt eintragen“ auswählen. Wichtig: Sie haben damit natürlich noch keine tatsächliche Zahlung geleistet! Sie haben lediglich die Zahlung innerhalb von Money 98 verbucht.

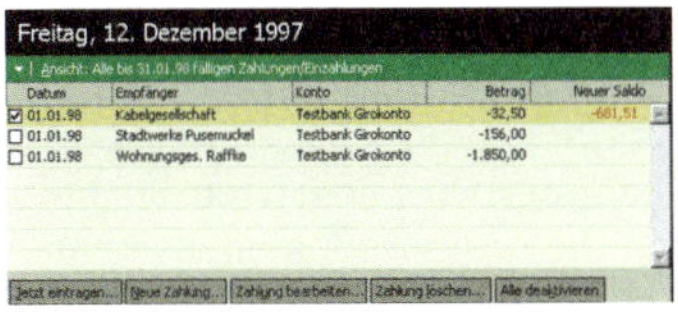

4 Selbstverständlich können Sie Ihre regelmäßigen Zahlungen, einmal eingerichtet, auch wieder verändern. Schließlich soll es ja – um nur ein Beispiel zu nennen – immer noch Vermieter geben, die die Miete erhöhen. In einem solchen Falle sind Sie ebenfalls im Fenster Zahlungen gut aufgehoben. Am unteren Rand der Tabelle finden Sie dazu die Schaltflächen Zahlung bearbeiten... und Zahlung löschen.... Klicken Sie darauf, nachdem Sie zuvor das Kästchen am linken Rand der Tabelle neben dem entsprechenden Vorgang markiert haben.

5 Es gibt aber noch eine andere Möglichkeit, die regelmäßigen Zahlungen in die entsprechende Liste aufzunehmen: Falls Sie mehrmals die gleiche oder eine ähnliche Buchung eingeben, „merkt" Money 98 die Wiederholung und fragt Sie, ob Sie diese Zahlung als regelmäßig kennzeichnen möchten. Sie müssen in diesem Fall lediglich die Schaltfläche „Ja" anklicken.

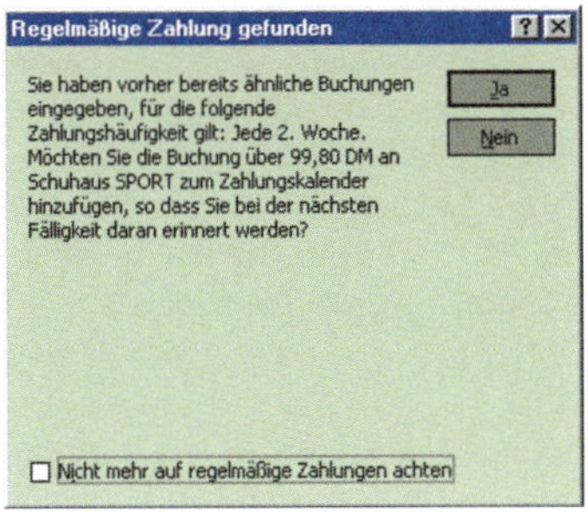

Empfängernamen speichern und verwalten

Eine ganze Reihe von Zahlungen fallen zwar nicht regelmäßig, aber doch häufiger an. Mit dem einzigen Unterschied, daß Sie beispielsweise nicht in einem regelmäßigen Abstand bei Ihrem Lieblingsitaliener speisen. Doch es stellt sich die Frage: Wie nennen Sie einen Empfänger? Und vor allem: Wie finden Sie ihn später auch wieder? Denn nichts wäre unübersichtlicher, als wenn Sie beim ersten Mal „Restaurant La Scala" und beim zweiten Mal „La Scala-Restaurant" eingeben – was das Programm verständlicherweise an zwei verschiedenen Orten verbuchen würde.

1 Money 98 bietet Ihnen die Möglichkeit, die Spreu vom Weizen zu trennen und eine Liste von Empfängern anzulegen, bei denen Sie wissen, daß Sie häufiger ausgewählt werden. Wenn Sie einen Empfänger zum ersten Mal eingeben, werden Sie daher vorm Abspeichern der Buchung gefragt,

ob Sie diesen der **Empfängerliste** hinzufügen möchten oder nicht. Bei Ihrem Lieblingsitaliener sollten Sie sich für „Ja“ entscheiden, beim Restaurant am Urlaubsort, das Sie - leider - so schnell nicht wieder aufsuchen werden, eher für „Nein“. Die Buchung wird unabhängig davon ganz normal ausgeführt. Lediglich Ihre Empfängerliste bleibt bei dieser Vorgehensweise übersichtlicher.

2 Nachdem Sie einen Empfänger in die Empfängerliste aufgenommen haben, macht es Ihnen Money 98 bei der nächsten Buchung entschieden leichter, diesen erneut einzutragen. Denn das Programm sucht, sobald Sie die Eingabe im Feld „Empfänger“ gestartet haben, nach abgespeicherten Übereinstimmungen. Stellt es eine solche fest, schlägt es Ihnen diesen Empfänger vor und zeigt gleichzeitig die letzte vorgenommene Buchung an. Wenn der Vorschlag von Money 98 richtig ist, müssen Sie lediglich die Tabulatortaste betätigen, um in die Buchung „einzusteigen“.

Das Programm schlägt anschließend die Eingaben der letzten Buchung vor, die Sie übernehmen, aber natürlich auch ändern können. So ist es zum Beispiel nicht notwendig, bei einem Restaurantbesuch jedesmal erneut die Kategorie und Unterkategorie auszuwählen, da sie sich sowieso nicht ändern. Kaufen Sie aber beispielsweise in einem Kaufhaus etwas ein, können Sie natürlich für jede Buchung andere Kategorien verwenden.

3 Sie können die Empfängerliste aber auch dazu verwenden, einen Empfänger zu suchen, bei dem Sie sich nicht mehr sicher sind, wie Sie ihn beim vorherigen Mal genannt haben. Klicken Sie hierzu auf den kleinen, abwärts weisenden Pfeil neben dem Empfänger-Eingabefeld. Es erscheint eine Liste aller von Ihnen bereits abgespeicherten Empfänger,

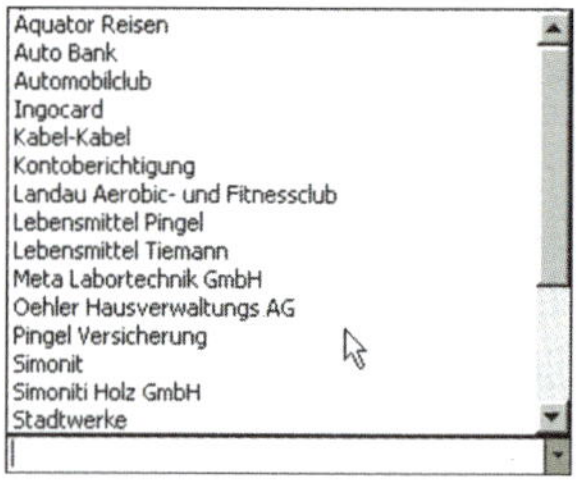

aus der Sie mit Hilfe der **Scroll-Leiste** am rechten Rand den gewünschten

Eintrag aussuchen und mit einem Mausklick auswählen können. Die weitere Buchungseingabe erfolgt dann wieder wie gewohnt.

4 Möchten Sie die Empfängerliste außerhalb einer Kontobuchung verwalten? Dann haben Sie die Möglichkeit, sich diese als Extra-Liste anzeigen zu lassen. Wählen Sie hierzu in der Navigationsleiste die Schaltfläche Kategorien. Falls diese noch nicht sichtbar sein sollte, wählen Sie anschließend am linken Bildschirmrand die Schaltfläche Empfänger, damit die entsprechende Liste angezeigt wird. Neben der Möglichkeit, Empfänger neu anzulegen, zu verschieben, umzubenennen und zu löschen,

können Sie mit der Schaltfläche „Gehe zum Empfänger" auch exakte Angaben auf Ihrem Bildschirm verwalten: Hier werden Ihnen die Monatssalden des letzten halben Jahres sowie sämtliche Buchungen dieses Empfängers angezeigt.

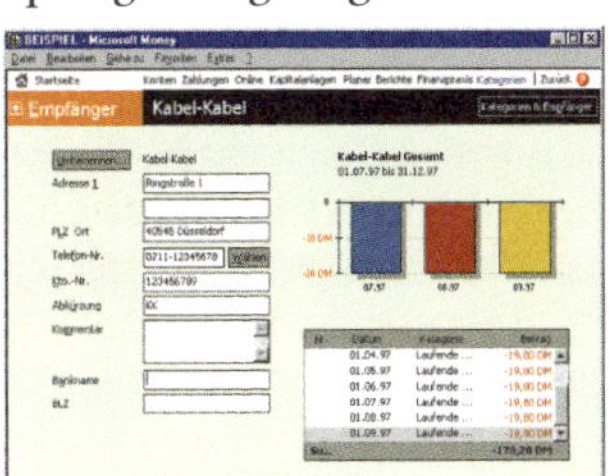

Auf der linken Bildschirmseite lassen sich genauere Daten zu dem entsprechenden Empfänger eingeben. Dabei ist es besonders praktisch, daß Sie eine Abkürzung festlegen können. Sobald Sie später eine Buchung für diesen Empfänger eingeben, brauchen Sie nach Eingabe der Abkürzung nur noch die Tabulatortaste zu betätigen.

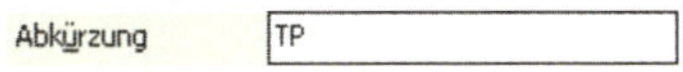

Kategorien verwenden

Kategorien dienen der Aufschlüsselung Ihrer Einnahmen und Ausgaben und bilden die Grundlage all Ihrer Berichte und Auswertungen. Überprüfen Sie daher von Zeit zu Zeit, ob Ihre Kategorien noch aktuell sind.

1 Sie können eine Liste Ihrer Kategorien aufrufen, indem Sie zunächst auf die gleichnamige Schaltfläche Ihrer Navigationsleiste klikken. Falls diese noch nicht zu sehen ist, löst ein Klick auf Kategorien am linken Bildschirmrand das Problem.

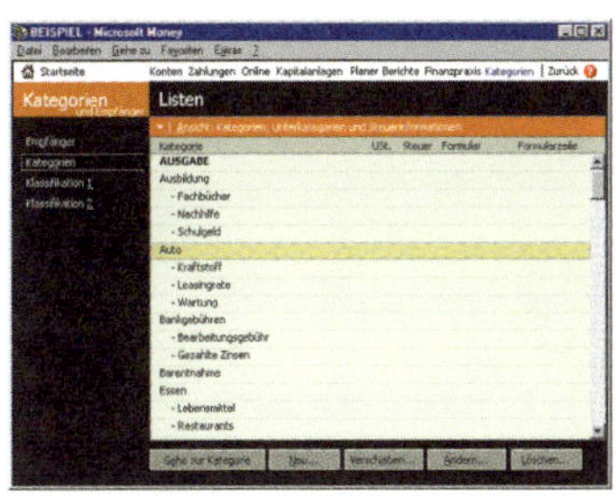

2 Selbstverständlich lassen sich die Kategorien und Unterkategorien Ihren Bedürfnissen anpassen. Wenn Sie sich beispielsweise nicht mehr in der Ausbildung befinden, könnten Sie die entsprechende Kategorie mit einem Klick auf [Löschen...] löschen.

3 Auf der anderen Seite ist es vielleicht sinnvoll für Sie, zwei Kategorien zum Thema „Auto" anzulegen. Denn wenn sich in Ihrem Haushalt zwei Pkws befinden, wäre es praktisch, die Kosten aufzuschlüsseln. In unserem Beispiel ließe sich die vorhandene Kategorie „Auto" mit einem Klick auf [Ändern...] umbenennen.

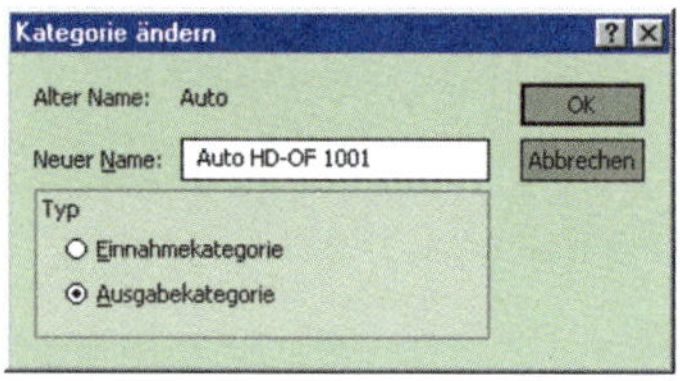

4 Anschließend klicken Sie in Ihrem Kategorien-Fenster auf [Neu...] und können für Ihren zweiten Pkw eine eigene Kategorie und ebenso Unterkategorien erstellen.

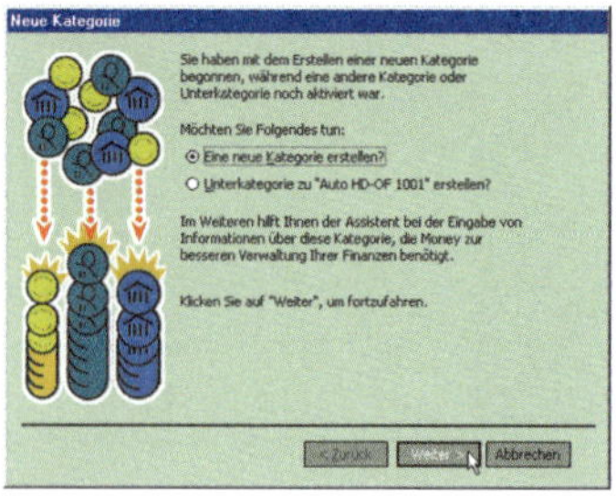

Eine Buchung „splitten"

Nicht nur beim Großeinkauf im Supermarkt ist es die Regel, daß Sie mehrere Dinge auf einmal kaufen, diese aber unterschiedlichen Kategorien zugeordnet werden sollen. Die Lebensmittel zu „Essen > Lebensmittel", das Haarshampoo aber zu „Körperpflege".

1 Um nicht mühsam zahlreiche Buchungen vornehmen und die Gesamtsumme auf mehrere Konten aufteilen zu müssen, haben Sie die Möglichkeit, eine Ausgabe direkt beim Eingeben mehreren Kategorien zuzuordnen. „**Splitten**" nennt sich das bei Money 98. Am einfachsten ist es, wenn Sie nach Eingabe des Geldbetrages auf die Schaltfläche [Splitten] klicken.

2 Daraufhin erscheint ein Fenster, in dem Sie wie gewohnt Kategorien, Unterkategorien und eine Beschreibung eintragen können. Ungewöhnlich, aber sehr hilfreich ist dabei, daß Ihnen mit jeder neuen Aufteilung die restliche, noch nicht zugeordnete Summe angezeigt wird. Sobald Sie alle Zuordnungen vorgenommen haben, sollte diese Restsumme 0,00 DM betragen. Sie können jetzt auf [Fertig] klicken und damit in die „normale" Eingabemaske zurückkehren.

Eine Überweisung drucken

Auch wenn Sie Ihre Überweisungen noch nicht mit Hilfe eines Online-Anbieters wie **T-Online** erledigen, können Sie sich ab sofort das mühsame Ausfüllen von Überweisungen per Hand ersparen.

1 Denn Money 98 nimmt Ihnen mit Hilfe spezieller Überweisungsvordrucke, die Sie im Bürofachhandel kaufen können, diese Arbeit ab. Fragen Sie einfach nach der Zweckform Best.-Nr. 2801 (100 Blatt) oder 2802 (250 Blatt). Diese werden in Verbindung mit einem Drucker zur Überweisung benutzt und auch von Ihrer Bank anerkannt.

2 Um nun eine Überweisung von Money aus drucken zu können, sollten Sie die entsprechende Buchung wie gewohnt auf Ihrem Money-Konto vornehmen. Mit einem kleinen, aber wichtigen Unterschied: Anstelle einer Buchungsnummer geben Sie ein großes „D" ein. Money 98 ergänzt dann automatisch die fehlenden Buchstaben zum Wort „Drucken".

Wenn Sie Ihre Buchung abgespeichert haben, sehen Sie am linken Bildschirmrand ein Fenster, in dem Sie daran erinnert werden, daß noch Buchungen zur Überweisung anstehen.

3 In wenigen Augenblicken ist diese Überweisung dann auch tatsächlich auf Papier. Klicken Sie zunächst mit der linken Maustaste auf Überw. drucken... . Es erscheint ein Fenster, in dem Sie festlegen können, was Sie ausdrucken möchten: alles oder nur ausgewählte Überweisungen.

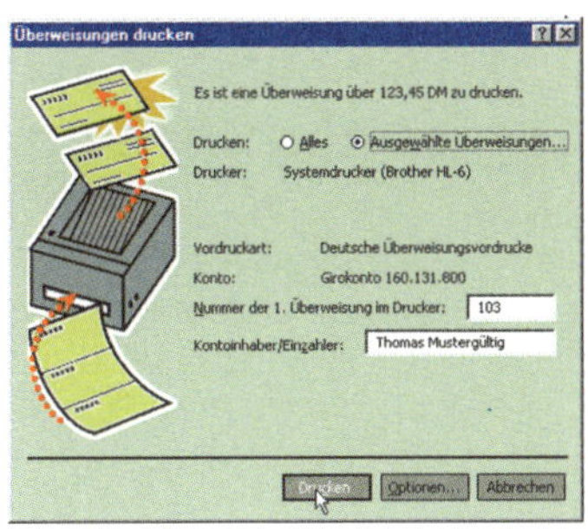

Sofern Sie mehrere Buchungen zur Überweisung eingegeben haben, diese aber nicht alle gleichzeitig bezahlen wollen, können Sie sich mit einem Klick auf „Ausgewählte Überweisungen..." eine Übersicht anzeigen lassen und dort die gewünschten Einträge markieren. Die Eintragung im Feld „Kontoinhaber/Einzahler" erscheint übrigens später auf Ihrer Überweisung. Falls Ihr Name also von dem des Kontoinhabers abweicht, müssen Sie ihn an dieser Stelle ändern.

4 Nach erfolgtem Druck fragt Money 98, ob Sie mit dem Ausdruck zufrieden sind.

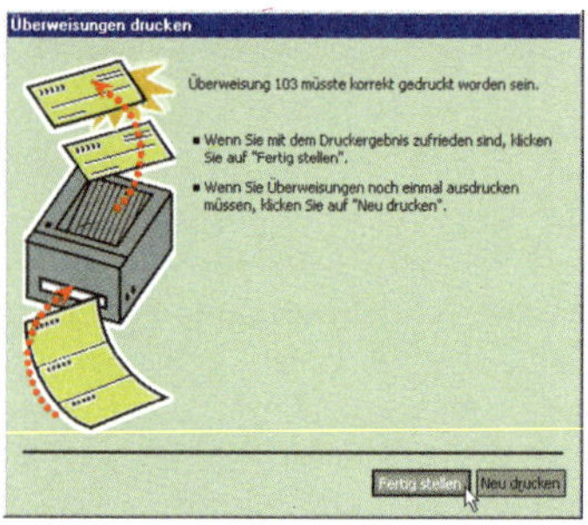

Falls Ihnen das Ergebnis mißfällt, weil die Druckzeilen nicht mit dem Überweisungsvordruck übereinstimmen, klicken Sie auf „Neu drukken" und markieren in der nun erscheinenden Übersicht die Überweisungen, die fehlerhaft ausgedruckt wurden. Außerdem können Sie mit Hilfe der Schaltfläche [Optionen...] die horizontale und vertikale Ausrichtung des Überweisungsbogen verändern. Um beispielsweise den Ausdruck um 10 Millimeter nach unten und 10 Millimeter nach rechts zu verschieben, geben Sie in die beiden Feldern als Wert eine „5" ein, klikken auf „OK" und wiederholen den Ausdruck.

! Unterschrift nicht vergessen

Eines kann aber auch ein Programm wie Money 98 natürlich nicht: Unterschreiben müssen Sie den Überweisungsvordruck nach wie vor selbst.

Das Konto „abstimmen"

Der Unterschied zwischen Theorie und Praxis kann bei Money 98 folgendermaßen aussehen: Laut Ihrem Konto „Portemonnaie" müßten Sie noch 123,70 Mark in Ihrer Geldbörse haben, in Wahrheit sind es aber nur 113,70 Mark. Um solche Unstimmigkeiten aufzudecken und abzuwenden, gibt es in Money 98 das Instrument des „Abstimmens". Sie sollten diesen Vorgang regelmäßig durchführen, um möglichst frühzeitig fehlerhafte Eingaben oder Irrtümer erkennen und beseitigen zu können

1 Um mit dem Abstimmen zu beginnen, klicken Sie zunächst auf die gleichnamige Schaltfläche in Ihrem Kontofenster. Daraufhin erscheint ein Fenster, in dem Sie die Möglichkeit erhalten, vorab Ihren Kontosaldo zu berichtigen und eine entsprechende Korrekturbuchung vorzunehmen. Das ist dann sinnvoll, wenn Sie bereits festgestellt haben, daß zwischen Soll und Ist eine Differenz besteht. Sie können diese Korrekturbuchung einer von Ihnen gewünschten Kategorie zuordnen.

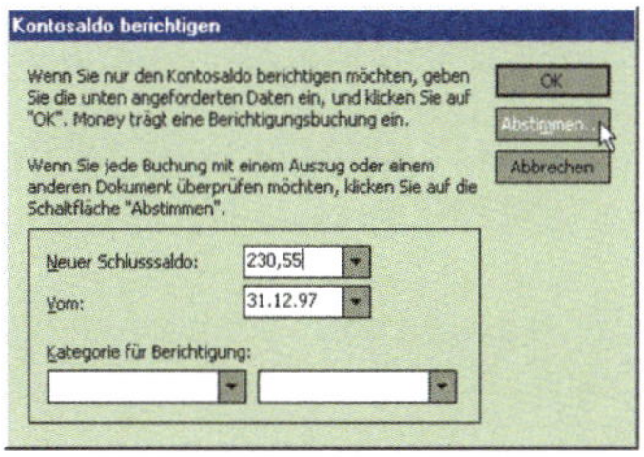

2 Als nächstes klicken Sie auf Abstimmen... und werden nun aufgefordert, einige Daten einzugeben: das aktuelle Datum, den Anfangssaldo (das ist der nach dem letzten Abstimmen) und den Schlußsaldo (das ist der aktuelle Wert Ihres Kontos).

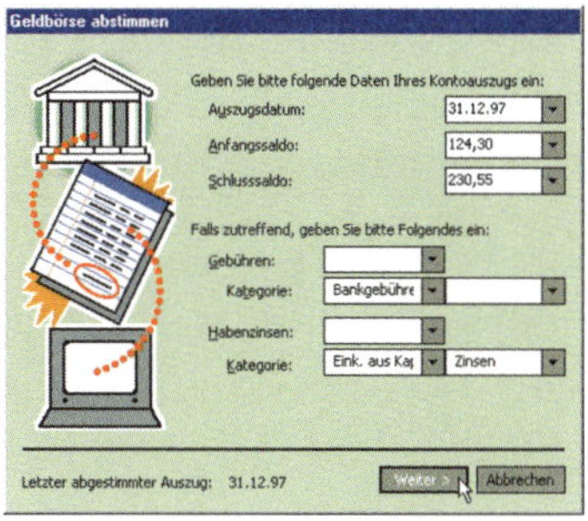

Sobald Sie nun auf „Weiter“ klicken, erscheint eine Tabelle mit allen nicht abgestimmten Buchungen, auch solche, die Sie bereits für die Zukunft eingetragen haben. Da diese jetzt natürlich noch nicht wichtig sind, sollten sie zu diesem Zeitpunkt unberücksichtigt bleiben.

Prüfen Sie also, ob die Ausgabe oder Einnahme bereits tatsächlich stattgefunden hat, und klicken Sie in einem solchen Fall auf die Spalte „V“ ,um diesen Vorgang als „verrechnet“ zu kennzeichnen. Wenn alle in Frage kommenden Buchungen so gekennzeichnet

sind, sollte die Saldodifferenz an Ihrem linken Bildschirmrand 0,00 DM betragen.

Differenz: 0,00

In diesem Fall können Sie beruhigt auf „Weiter“ klicken und bekommen nun von Money 98 bestätigt: Sie haben es geschafft, Ihr Konto ist abgestimmt.

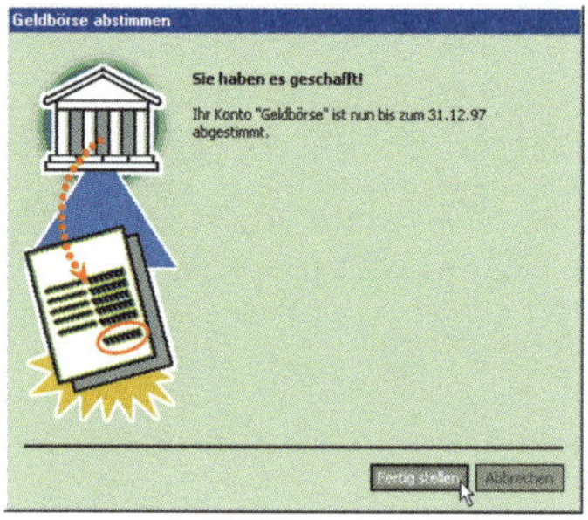

Ein Klick noch auf „Fertigstellen“, und Sie kehren in Ihr Kontofenster zurück.

3 Doch was passiert, wenn die Abstimmung nicht so reibungslos verläuft und Sie eine Differenz haben, die Saldodifferenz am linken Bildschirmrand Ihres Abstimmungsfensters also trotz sorgfältiger Eingabe nicht „Null“ lautet? Dann kommen Sie nicht darum herum, Ihre Belege zur Hand zu nehmen und Spalte für Spalte zu überprüfen, ob Sie eventuell eine falsche Summe eingegeben haben. Sollte dies der Fall sein, brauchen Sie nur darauf zu klicken, und schon können Sie die Summe ändern.

Nr.	Datum	Empfänger	V	Ausgabe	Einnahme	Saldo
	27.12.97	Barabhebung	V		350,00	474,30
	29.12.97	Schuhaus SPORT	V	99,80		374,50
	29.12.97	Restaurant La Scala, Buer	V	59,90		314,60
	30.12.97	Kaufhaus Autodorf	V	25,70		288,90
	31.12.97	Cafè Beyer	V	5,65		283,25
	31.12.97	Kiosk "Das kleine Lädchen"	V	13,20		270,05
	31.12.97	Getränke Jonas KG	V	49,50		

Wenn der Fehler auch damit nicht korrigiert werden konnte, läßt sich die Abstimmung mit einem Klick auf Aufschieben noch verschieben. In diesem Fall bleiben die Buchungen unverändert, und Sie können zu einem späteren Zeitpunkt einen erneuten Anlauf versuchen.

4 Online-Banking mit Money 98

Einer der besonderen Vorzüge von Money 98 besteht darin, daß Sie Ihren Computer mit wenigen Handgriffen zu Ihrem persönlichen Bankschalter machen. Mit Money können Sie sich praktisch jeden Gang zu Ihrem Kreditinstitut sparen, weil das Programm in der Lage ist, die aktuellen Salden Ihrer Konten abzufragen, die Umsätze einzulesen und zu übernehmen oder fällige Rechnungen zu bezahlen.

Voraussetzung dafür ist, daß Sie über einen T-Online-Anschluß verfügen. T-Online ist der Online-Dienst der Deutschen Telekom AG. Wenn Sie im T-Punkt (früher: Telefonladen) eine Zugangsberechtigung beantragen, wird Ihnen diese innerhalb weniger Tage zugesandt. Sie kostet dort allerdings 50 Mark. Statt dessen können Sie aber auch einen der zahlreichen Kooperationspartner (Fachpresse, Buchverlage, Modem-Hersteller etc.) mit der Anmeldung beauftragen, bei denen Sie die **Anschlußkennung** zumeist kostenlos erhalten.

Um T-Online nutzen zu können, müssen Sie allerdings über entsprechende technische Voraussetzungen in Ihrem Computer verfügen. Je nachdem, ob Sie einen normalen **(analogen) Telefonanschluß** oder einen digitalen (ISDN-) Anschluß haben, brauchen Sie ein Modem oder einen **ISDN-Adapter**.

Im einzelnen lesen Sie in diesem Kapitel.,

- wie Sie Verbindung mit T-Online aufnehmen,
- wie Sie Money im Lernmodus optimal an Ihre Bank anpassen,
- und wie Sie eine Online-Überweisung vorbereiten.

Kapitel-Wegweiser

Allgemeine Vorbereitungen 46
Money 98 für T-Online einrichten 47
Das erste Mal online mit Money 98 51
Makro nachbearbeiten 52
Lernmodus „Bankzugang“ 54
Lernmodus „Kontostand“ 56
Lernmodus „Überweisung“ 57
Lernmodus „Kontoauszug“ 60
Lernmodus beenden 61
Online-Überweisung vorbereiten 62

Allgemeine Vorbereitungen

Bevor Money über T-Online Kontakt zu Ihrem Kreditinstitut aufnehmen kann, müssen Sie Money darauf vorbereiten.

Voraussetzung ist, daß Sie das Modem beziehungsweise den ISDN-Adapter in Windows 95 „angemeldet“ haben. Wie dies funktioniert, lesen Sie bitte im Handbuch des **Modem**- oder ISDN-Adapter-Herstellers nach.

Vor dem Einrichten von Money sollten Sie kontrollieren, ob Ihr Modem oder ISDN-Adapter bereits eingerichtet ist.

1 Klicken Sie hierzu in Windows 95 unten links auf Start.

2 Zeigen Sie dann mit der Maus auf Einstellungen, und klicken Sie anschließend auf

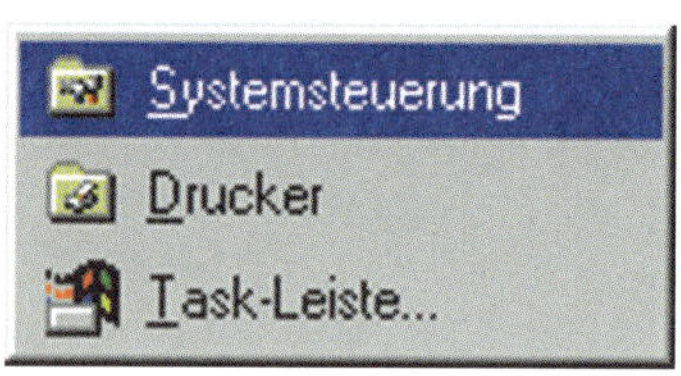

3 Daraufhin wird das Fenster „Systemsteuerung“ dargestellt. Klicken Sie hier doppelt auf das Symbol

In der Registerkarte Allgemein | Diagnose sehen Sie, ob und welche Modems (oder ISDN-Adapter) auf Ihrem Computer eingerichtet wurden. Wenn das Gerät, das Sie angeschlossen haben, hier aufgeführt wird, können Sie mit der Einrichtung in Money fortfahren. Andernfalls sollten Sie über die Schaltfläche Hinzufügen... versuchen, das Modem beziehungsweise den ISDN-Adapter in Windows 95 einzubinden.

4 Nachdem die technischen Voraussetzungen für die Nutzung von Money mit T-Online erfüllt wurden, müssen Sie bei Ihrer Bank veranlassen, daß Ihr normales Girokonto für T-Online freigeschaltet wird. Dabei sollte es keine Probleme geben, weil fast alle deutschen Kreditinstitute diese Form der Kommunikation unterstützen. Sie brauchen dafür auch kein neues Konto zu eröffnen!

5 Sobald Ihre Bank das Konto für die T-Online-Kommunikation freigeschaltet hat (dauert nur einen oder wenige Tage), erhalten Sie eine sogenannte PIN (Persönliche Identifikationsnummer) und ein Blatt mit 20, 50 oder mehr Transaktionsnummern (TANs). Die PIN schützt den Zugang zu Ihrem Konto und sollte geheimgehalten werden, die TANs brauchen Sie für Überweisungen. Bei jeder Überweisung verwenden Sie eine der TANs und streichen diese auf dem Blatt ab, weil sie kein weiteres Mal mehr verwendet werden darf.

Money 98 für T-Online einrichten

Wie Sie in Kapitel 2 gelesen haben, können Sie für jedes tatsächlich existierende Konto ein eigenes Konto in Money einrichten, um es zu verwalten. Wenn Sie nun eines der bereits eingerichteten Konten auch für Online-Banking via T-Online nutzen möchten, gehen Sie wie folgt vor:

1 Klicken Sie in der Navigationsleiste auf die Schaltfläche Konten . Dadurch wird der Konto-Manager aktiviert. Hier sind alle Konten, die Sie in Money 98 eingerichtet haben, aufgelistet und jeweils mit einem Symbol versehen.

2 Danach klicken Sie das Konto, das Sie für das Online-Banking via T-Online einrichten möchten, mit der rechten Maustaste an.

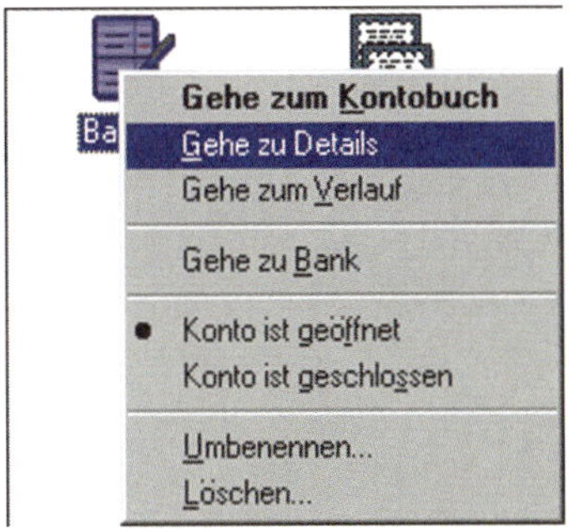

Anschließend wählen Sie in dem Kontextmenü, das am Bildschirm erscheint, den Befehl Gehe zu Details. Nun werden die Details des ausgewählten Kontos dargestellt.

3 Nachdem Sie auf die Schaltfläche Online-Dienst... geklickt haben, werden Ihnen insgesamt fünf Schritte angezeigt, die Sie bis zur erfolgreichen Einrichtung des Online-Dienstes absolvieren müssen. Diese sind teilweise mit wichtigen Informationen versehen, so daß Sie sie unbedingt lesen sollten. Wenn Sie Punkt 1, Info über Online-Dienste, angeklickt haben, können Sie mit Punkt 2, Angebote prüfen, fortfahren.

4 Klicken Sie die Schaltfläche an, und lassen Sie sich vom Einrichtungs-Assistenten begleiten. Mit einem Klick auf die Schaltfläche Weiter > gelangen Sie jedesmal einen Schritt weiter.

5 In den meisten Fällen müssen Sie im nächsten Auswahlfenster das Optionsfeld „Vorgegebene Money-Setup-Datei verwenden“ aktivieren, es sei denn, Ihre Bank hat Ihnen ausdrücklich zu einer speziellen Datei geraten und Ihnen diese mitgegeben. Im letzten Fenster können Sie mit Fertig stellen die Auswahl der Bank abschließen.

6 Über die Schaltfläche ISDN-Unterstützung erhalten Sie nähere Informationen, sofern Sie einen ISDN-Adapter an oder in Ihrem PC angeschlossen haben. Praktisch: Sie können diese Infos auch ausdrucken!

7 Klicken Sie nun auf die Schaltfläche Online-Dienst einrichten, um hier das Wichtigste zu erledigen, nämlich die Zugangsdaten zu T-Online abzuspeichern.

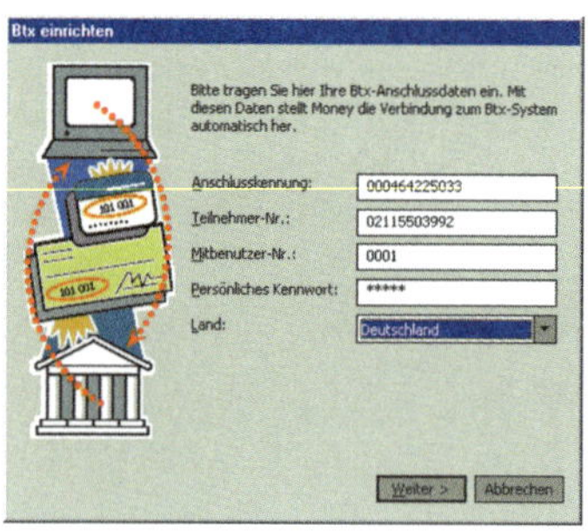

Diese Angaben sind erforderlich, damit Money automatisch eine Verbindung zu T-Online herstellen und die von Ihnen in Auftrag gegebenen Aktionen durchführen kann.

8 Schreiben Sie in das Eingabefeld Anschlusskennung: die zwölfstellige Zahl, die Sie von der Deutschen Telekom per eingeschriebenem Brief erhalten haben.

9 Tippen Sie in das Eingabefeld Teilnehmer-Nr.: die Zahl ein, unter der Sie in T-Online angemeldet sind.

! T-Online-Nummer

Diese Nummer setzt sich in der Regel aus der Vorwahl und Rufnummer Ihres Telefon- oder Faxanschlusses zusammen, wurde Ihnen aber ebenfalls von der Deutsche Telekom mitgeteilt. Sie heißt auch T-Online-Nummer.

10 Geben Sie in das Feld Mitbenutzer-Nr.: die Zahl „0001“ ein, wenn Sie alleiniger Inhaber Ihres T-Online-Anschlusses sind. Falls Sie hingegen Mitbenutzer eines fremden Anschlusses sind, haben Sie vom Anschlußinhaber eine andere vierstellige Zahl zwischen 0002 und 9999 zugewiesen bekommen, die Sie dann hier eintragen müssen.

11 In das Feld Persönliches Kennwort: gehört das T-Online-Kennwort, das Sie ebenfalls von der Deutschen Telekom erhalten haben. Sie müssen es aber nach dem ersten Online-Zugang ändern und dann an dieser Stelle natürlich das neue, von

Ihnen persönlich festgelegte Kennwort eingeben

12 Klicken Sie auf [Weiter >], um das nächste Fenster des Assistenten darzustellen. In das Eingabefeld „Telefon-Nr." dürfen Sie <u>auf keinen Fall</u> Ihre eigene Telefonnummer eingeben, sondern müssen die von T-Online eintragen. Sie lautet 01910 und ist bereits voreingestellt. Lassen Sie die Nummer also unverändert stehen.
Im Feld Endgerät:

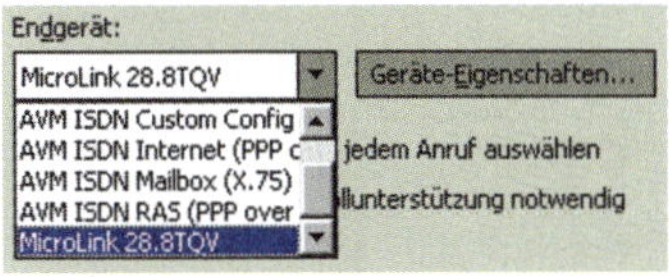

wählen Sie nun das Modem oder den ISDN-Adapter aus, den Sie zuvor in Windows 95 eingerichtet haben. Klicken Sie auf [Weiter >].

13 Anschließend wird eine Liste aller Konten dargestellt, die Sie in Money angelegt haben. Markieren Sie das Konto, das Sie für Electronic Banking einrichten wollen, und klicken Sie erneut auf [Weiter >].

Geben Sie den Ort ein, an dem die Bank oder Sparkasse ihren Sitz hat, und suchen Sie danach im Listenfeld Suchergebnis: den korrekten Namen aus. Klicken Sie ihn an, damit die zugehörige Bankleitzahl (BLZ) in das entsprechende Feld übernommen wird.

Wenn die Online-Seiten Ihres Kreditinstitutes nicht bundesweit bereitgestellt werden, müssen Sie im Listenfeld „Regionalbereich" den entsprechenden Eintrag markieren. Fragen Sie gegebenenfalls den Berater Ihrer Bank. Falls Ihnen keine Informationen darüber vorliegen, belassen Sie es auf jeden Fall bei der Standardeinstellung [(Nicht wechseln)]. Klicken Sie auf [Weiter >], um das nächste Fenster des Assistenten zu aktivieren.

14 Sofern Sie in einem der vorherigen Schritte bereits die Kontonummer des ausgewählten Kontos eingegeben haben, wird diese im Feld Konto-Nr.: angezeigt. Einige Banken verlangen für den Zugang per T-Online aber noch eine zusätzliche Nummer, die – je nach Institut – „Unterkontonummer" oder „Zusatznummer" genannt wird. Tragen Sie diese gegebenenfalls in das entsprechende Feld ein. Bei einigen Banken ist darüber hinaus die Eingabe einer Filialnummer nötig. Auch dafür bietet dieses Dialogfenster Platz.

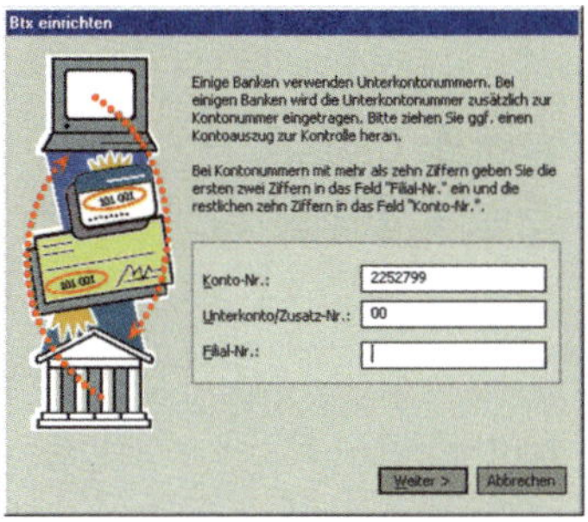

Danach klicken Sie auf [Weiter >], um

das nachfolgende Fenster des Assistenten aufzurufen.

15 Hier können Sie die persönliche Identifikationsnummer (**PIN**) eingeben. Das ist eine Nummer, die Sie bei der Beantragung Ihres Online-Kontos von Ihrer Bank oder Sparkasse erhalten haben. Damit sich keine Schreibfehler einschleichen und Sie nicht versehentlich eine falsche PIN eintippen, müssen Sie die Nummer im zweiten Eingabefeld ein weiteres Mal eintippen.

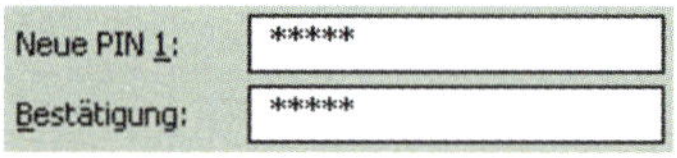

Nur wenn Ihr Kreditinstitut den Zugang zu Ihren Online-Kontoinformationen an eine zweite PIN geknüpft hat, geben Sie die entsprechende Zahl in die nächsten beiden Felder ein. Mit einem Klick auf Weiter > rufen Sie das nächste Fenster des Assistenten auf.

16 Dort benötigt Money 98 die Transaktionsnummern. Geben Sie in das Feld Name des TAN-Blocks: eine Bezeichnung ein – am besten die Seriennummer, die auf dem **TAN**-Bogen abgedruckt ist.

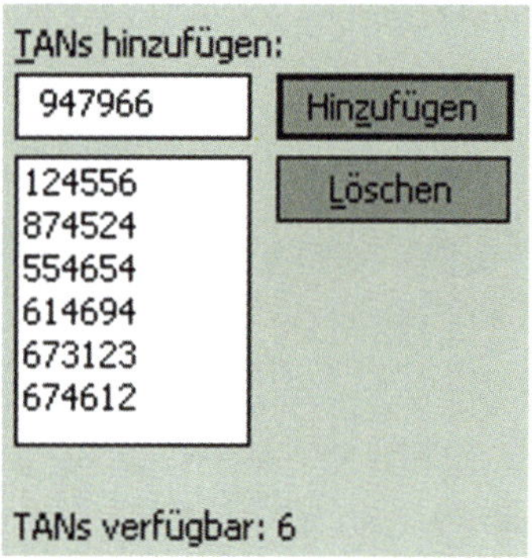

17 Im nächsten Fenster des Assistenten können Sie die Transaktionsnummern eintippen. Damit ist die Einrichtung des Kontos für Electronic Banking abgeschlossen.

18 Wenn Sie nun noch einmal auf die Schaltfläche Weiter > klicken, stellt Money dar, welche Makros für Ihre Bank oder Sparkasse bereits vorliegen.

! Schutz vor unberechtigtem Zugriff

Wenn Sie sich davor schützen wollen, daß eine unberechtigte Person Ihre Money-Version zur Ausführung von Überweisungen mißbraucht, klicken Sie auf die Schaltfläche Kennwort... . Dadurch wird die Freigabe von TANs an die Eingabe eines Kennworts geknüpft. Wenn also eine Überweisung ansteht, wird die erforderliche Transaktionsnummer nicht automatisch gesendet, sondern erst nach vorheriger Eingabe des Kennworts freigegeben.

> **! Makros**
>
> In Makros werden mehrere Anweisungen zusammengefaßt, die für die Kommunikation zwischen Money 98 und Ihrer Bank über T-Online nötig sind.

Die mit einem Kreuz (x) versehenen Aktionen kann Money ohne weiteres Zutun des Anwenders automatisch ausführen.
Die Bezeichnung (Script) bedeutet, daß Money ein Makro startet, das die für eine Electronic-Banking-Transaktion erforderlichen Eingaben in die üblichen Bildschirmmasken von T-Online einfügt. Die Abkürzung ZKA bezieht sich darauf, daß alle Daten in einem Datenfluß übermittelt werden - ähnlich einer Datenübertragung. Wenn Money eine Electronic-Banking-Aktion für das ausgewählte Kreditinstitut allerdings gar nicht unterstützt, erscheint der Hinweis (nicht vorhanden). In diesem Fall müssen Sie den „Lernmodus" ausführen - eine einfache **Makro**-Aufzeichnung, nach der Sie auch die derzeit fehlenden Aktionen durchführen können.

19 Klicken Sie auf die Schaltfläche Weiter >, damit der Assistent seine Arbeit abschließen kann. Nun werden Sie gefragt, ob Sie ein weiteres Konto für T-Online einrichten möchten. Falls nein, klicken Sie erneut auf Weiter >. Damit ist die Einrichtung des ersten Kontos für T-Online abgeschlossen.

Das erste Mal online mit Money 98

Wenn Sie bisher wie beschrieben vorgegangen sind, erscheint am Bildschirm jetzt wieder das Money-Fenster Online .

1 Auf der linken Seite dieses Fensters sehen den folgenden Bereich:

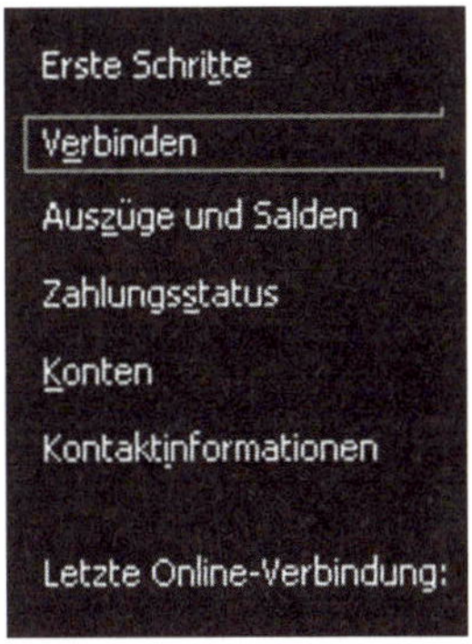

Klicken Sie die Schaltfläche Verbinden an. Daraufhin wird mitten im Programmfenster eine Übersicht aller möglichen Aktionen eingeblendet. Sofern Sie mehr als ein Konto für Electronic Banking eingerichtet haben, werden alle Online-Konten dargestellt. Damit hilft Ihnen Money, Kosten zu senken. Das Programm ist nämlich in der Lage, alle Ihre Konten in einer einzigen Online-Sitzung abzufragen. Wenn Sie hier mehrere Konten sehen und eines oder mehrere davon nicht abfragen wollen, klicken Sie es jeweils mit der rechten Maustaste an und öffnen damit ein Kontextmenü:

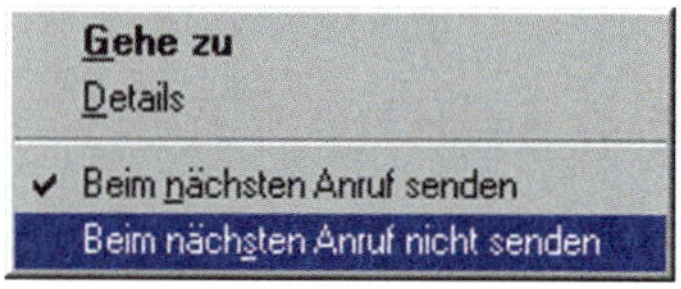

2 Sobald Sie die gewünschten Aktionen ausgewählt haben, brauchen Sie unten nur noch auf die Schaltfläche Verbinden... zu klicken. Im nachfolgenden Fenster mit der Bezeichnung „Wahlparameter" werden noch einmal die Einstellungen dargestellt, die Sie bei der Online-Einrichtung bereits vorgenommen haben. Sie können diese Angaben einfach ignorieren und sofort auf die Schaltfläche OK klicken.

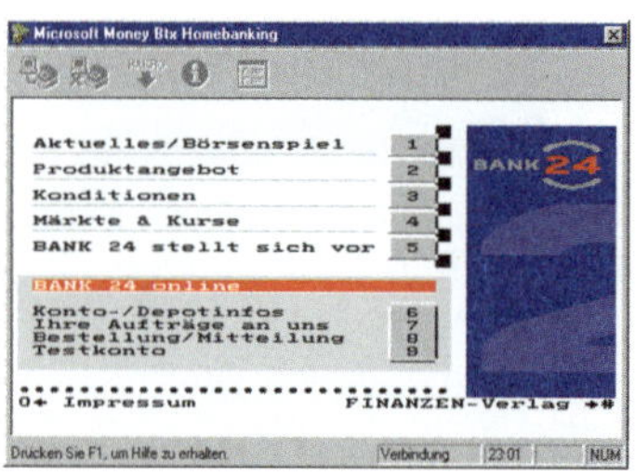

Money wird jetzt nacheinander alle Aufträge abarbeiten - in einer einzigen Online-Sitzung. Das spart Gebühren, nicht zuletzt deshalb, weil das Aufrufen der T-Online-Seiten durch die automatische Steuerung schneller vonstatten geht als durch manuelle Bedienung.

Makro nachbearbeiten

Wenn Sie - wie im vorherigen Schritt beschrieben - zum ersten Mal eine Online-Verbindung aufgebaut haben, wird sich sehr schnell herausstellen, ob das Makro einwandfrei funktioniert hat. Konnte Money Ihnen zum Beispiel keinen Kontostand liefern? Dann hat im Makro etwas nicht gestimmt.

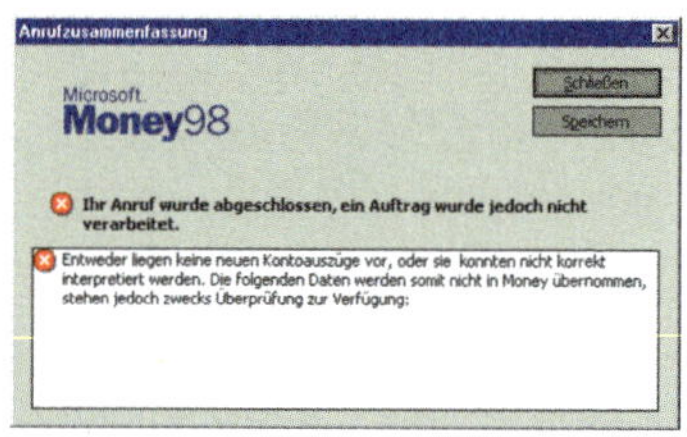

Das kann verschiedene Ursachen haben: Entweder hat Ihre Bank die Seiten in T-Online mittlerweile geändert, oder aber für Ihre Bank stehen gar keine geeigneten Makros zur Verfügung. In diesem Fall müssen Sie „von Hand" etwas nachbessern.

Diese Funktion wird in Money als „Lernmodus" bezeichnet. Aber keine Sorge: Nicht Sie müssen etwas lernen, sondern Money will von Ihnen lernen! Das Programm protokolliert exakt die Wege, die erforderlich sind, um die Electronic-Banking-Funktionen auszuführen, und speichert sie als Makro ab. Nach erfolgreich ausgeführten Lernmodi steht Ihnen die volle Funktionalität von Money zur Verfügung.

Um alle Makros zu erstellen, müssen Sie auch eine echte Überweisung tätigen.

! Kosten sparen

Damit die Online-Zeit nicht unnötig Kosten verursacht, sollten Sie sich schon jetzt die Daten für eine Überweisung zurechtlegen, die Sie dann später ausführen müssen.

Da Money während des Lernmodus nämlich nicht auf das Kontobuch zugreifen kann, müssen Sie beim Lernen einer „Überweisung" sowohl die Empfängerinformationen wie Bankleitzahl, Kontonummer, Name und Betrag als auch den Verwendungszweck kennen.

1 Klicken Sie in der Navigationsleiste von Money 98 auf die Schaltfläche Online und anschließend an der linken Seite des Programmfensters auf die Schaltfläche Konten.

2 Wählen Sie das Konto aus, bei dem es Makro-Probleme gegeben hat, und klicken Sie auf die Schaltfläche Lernmodus... . Damit wird eine Verbindung zu T-Online hergestellt. Nach dem erfolgreichen Verbindungsaufbau werden die Anschlußkennung, der **Mitbenutzerzusatz** und das persönliche Kennwort übermittelt. T-Online wird Sie mit dem Namen begrüßen, unter dem Ihr Anschluß gemeldet ist, und die **Hauptübersichtsseite** durch Übermittlung von *0# darstellen.

Bedenken Sie jedoch, daß Sie während der Lernmodi keine falschen Eingaben machen dürfen. Eine versehentliche oder falsche Eingabe würde beim späteren „Abspielen" der jetzt getätigten Schritte ebenfalls wiederholt werden. Sollte sich dennoch ein Fehler eingeschlichen haben, brechen Sie den Lernmodus ab und starten ihn erneut, oder korrigieren Sie den entsprechenden Schritt über die Schaltfläche „Korrigieren".

3 Im Fenster „Btx Lernmodus" legen Sie jetzt fest, wie die Hauptübersichtsseite Ihres Kreditinstitutes angewählt werden muß, wie Überweisungen getätigt werden und an welcher Stelle der T-Online-Seite der aktuelle Kontostand zu finden sein soll. Wenn die Eingabe von schützenswerten Daten (Filial-Nr., Konto-Nr., PIN1, PIN2 und Unterkonto-Nr.) erwartet wird, senden Sie diese ab, indem Sie das Listenfeld rechts neben der Schaltfläche Testen markieren und auf die Schaltfläche

Senden klicken. Dann werden die verschlüsselten Informationen gesandt, die sich - für Fremde unlesbar - hinter den jeweiligen Einträgen „verstecken".

Handelt es sich demgegenüber um Eingaben, die nicht extra geschützt werden müssen, wie die Seitennummer Ihres Kreditinstitutes, können Sie diese einfach in dasselbe Feld tippen und dann die Schaltfläche „Senden" anklicken.

Diese Vorgehensweise hat einen guten Grund: Das Makro, das bei dieser Aufzeichnung erstellt wird, kann eingesehen und bearbeitet werden. Damit aber niemand Ihre PIN oder Kontonummer lesen kann, werden diese über die Optionsfelder gesendet. Im Makro steht dann sinngemäß an der betreffenden Stelle statt „Sende 1234" die Bezeichnung „Sende PIN".

Lernmodus „Bankzugang"

Nun begeben Sie sich zu der Seite, auf der der Dialog mit Ihrem Kreditinstitut beginnt.

1 Hierzu tragen Sie in das entsprechende Eingabefeld zunächst die Seitennummer ein, unter der Ihre Bank erreichbar ist. Um beispielsweise die T-Online-Seiten der Deutschen Postbank-Filiale Essen darzustellen, müssen Sie die folgenden Zeichen eingeben:

Klicken Sie auf die Schaltfläche Senden. Damit im späteren Regelbetrieb eine möglichst hohe Ablaufsicherheit des Makros gewährleistet ist, sollten Sie jeden Schritt des Makros durch eine Gegenkontrolle überprüfen lassen. Am einfachsten funktioniert das, wenn Sie auf jeder neuen Seite die Seitennummer, die am rechten unteren Rand des T-Online-Bildschirms dargestellt wird, mit in das Makro aufnehmen. Im Regelbetrieb prüft das Makro dann nach jedem Aufruf einer neuen Seite, ob die Seitennummer identisch ist mit derjenigen, die Sie jetzt bei der Aufnahme des Makros gespeichert haben.

2 Um einen Kontrollmechanismus zu speichern, klicken Sie auf die Schaltfläche Kontrolltext... . Am Bildschirm wird das Fenster „Bedingung festlegen" dargestellt. Klicken Sie mit der Maus neben das Fenster in den T-Online-Bildschirm hinein, und markieren Sie die Seitennummer.

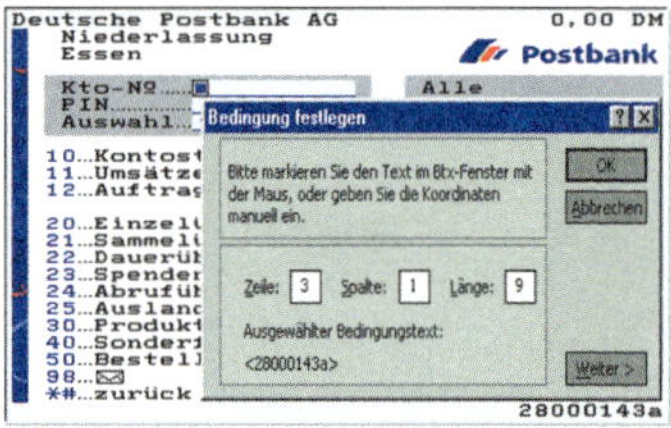

Danach aktivieren Sie wieder das Dialogfenster und klicken auf die Schaltfläche .

3 Auf der ersten Seite Ihres Kreditinstitutes erscheinen Hinweise, an denen Sie ablesen können, wie Sie weiter verzweigen müssen, um auf die Hauptübersichtsseite zu gelangen. Geben Sie so lange die Zeichen zum Weiterverzweigen ein, bis Sie die Hauptübersichtsseite des Kreditinstitutes erreicht haben. Sie erkennen diese Seite daran, daß dort Komfortfunktionen wie „Kontostandsabfrage“ oder „Überweisungen tätigen“ angeboten werden. Ehe diese Seite aber verfügbar ist, müssen Sie die Sicherheitshürden des Kreditinstitutes überwinden.

4 Diese bestehen zunächst einmal in der Übermittlung der Kontonummer und der Persönlichen Identifikationsnummer (PIN). Bei einigen Kreditinstituten ist auch die Eingabe einer zweiten PIN erforderlich. Wie schon erwähnt, sollten Sie diese ganz persönlichen Daten nicht in das unbenannte Eingabefeld neben der Schaltfläche  tippen und senden, da sie damit in der Makrodatei für jedermann sichtbar wären. Übermitteln Sie diese Zahlen statt dessen über die Listenfeldeinträge „Filial-Nr.“, „Konto-Nr.“, „PIN1“, „PIN2“ und „Unterkonto-Nr“. Dadurch kann niemand die dahinter verborgenen Daten einlesen und mißbrauchen.

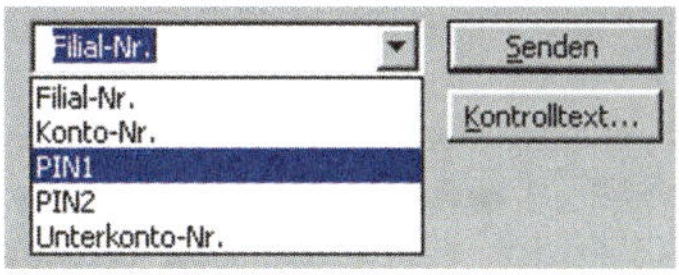

5 Eine Besonderheit des Lernmodus wird Sie gleich bei der Eingabe der Kontonummer erwarten. Money muß wissen, wie viele Stellen für die Eingabe der Kontonummer auf der Seite Ihres Kreditinstitutes zur Verfügung stehen. Die Anzahl ist von Bank zu Bank verschieden und muß von Money 98 für Ihr Kreditinstitut erst ermittelt werden.

Nachdem Sie die Kontonummer gesendet haben, kann es sein, daß sich die Schreibmarke von T-Online noch immer im Feld für die Eingabe der Kontonummer befindet. Damit die Schreibmarke in das nächste Feld springt, müssen Sie auf die Schaltfläche  klicken. Dadurch erkennt Money, wie lang die einzelnen Eingabefelder sind, und speichert diese Angaben ab.

6 Wenn sich die Einfügemarke im nächsten Eingabefeld befindet, verfahren Sie wie oben beschrieben. Behalten Sie dabei immer die Meldungszeile von T-Online im Auge. Sie befindet sich am unteren Rand des T-Online-Fensters. Möglicherweise sind Eingaben wie „19“ erforderlich, damit eine Seite abgeschlossen werden kann. Diese Einträge können Sie dann wieder über das Eingabefeld senden.

7 Die Hauptübersichtsseite muß an eindeutigen Merkmalen erkennbar sein. Wie bereits gesagt, gehören die Komfortfunktionen zum Ausführen von Überweisungen oder für Kontostandsabfragen zu diesen Merkmalen. Bei der Volksbank Buer heißt diese Seite zum Beispiel „Inhalt“.

Sobald die Seite dargestellt wird, müssen Sie wieder die Schaltfläche [Kontrolltext...] anklicken. Markieren Sie die typische Bezeichnung der Hauptübersichtsseite, indem Sie neben das Dialogfenster klicken, und bestätigen Sie Ihre Auswahl mit [OK].

8 Wenn Sie einen Fehler gemacht haben, können Sie sich über die Schaltfläche [Korrigieren...] das Makrolisting ansehen. Mit [Bearbeiten...] läßt sich ein einzelner Makrobefehl ersetzen, mit [Löschen...] aber nur das Makro ab der markierten Stelle bis zum Ende löschen. Das Entfernen einzelner Makrozeilen ist nicht möglich.

Sie können die Funktionsfähigkeit des Makros jederzeit überprüfen, indem Sie auf die Schaltfläche [Testen] klicken.

9 Damit ist der Lernmodus „Bankzugang“ abgeschlossen. In den nachfolgenden Schritten bringen Sie Money bei, wo der aktuelle Kontostand zu finden ist und wie Überweisungen getätigt werden. Jedes der weiteren Makros muß an der Stelle beginnen und wieder enden, an der Sie sich jetzt befinden!

Lernmodus „Kontostand“

Nun müssen Sie Money mitteilen, an welcher Stelle des T-Online-Bildschirms der aktuelle Kontostand zu sehen ist. Bedenken Sie dabei, daß Sie das Makro dort beginnen müssen, wo Sie das Makro „Bankzugang“ beendet haben, nämlich auf der Hauptübersichtsseite Ihres Kreditinstitutes.

1 Klicken Sie als erstes auf die Schaltfläche [Kontrolltext...], um die Seite festzulegen, auf der die Makroaufzeichnung beginnt. Verzweigen Sie nun durch Eingabe der Kennziffern zu der Seite, auf der der Kontostand dargestellt wird.

2 Wenn der Kontostand angezeigt wird, müssen Sie die Stelle kennzeichnen. Klicken Sie hierzu auf die Schaltfläche [Kontostand...]. Am Bildschirm wird daraufhin das Dialogfenster „Kontostand festlegen“ dargestellt. In den Eingabefeldern Zeile, Spalte und Länge müssen Sie wieder die genaue Position angeben. Klicken Sie neben das Fenster in den T-Online-Bildschirm hinein, und markieren Sie die entsprechende Zeile.

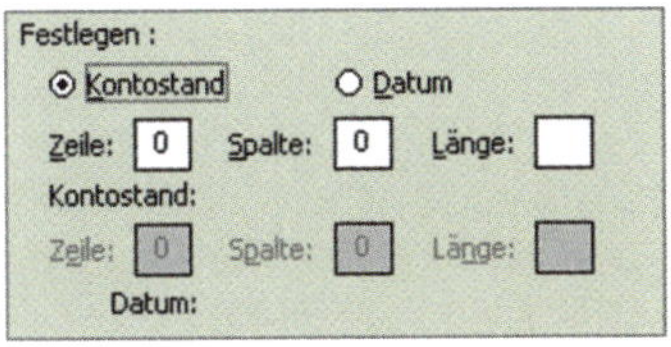

Gehen Sie in der Breite ruhig großzügig mit dem Platz um! Wenn der Kontostand derzeit 20 Mark beträgt, sollten Sie den Bereich nach links so weit markieren, daß Money später auch Summen wie 12 500 oder 125 000 Mark erkennen kann!

3 Nachdem der Betrag markiert wurde, klicken Sie im Dialogfenster „Kontostand festlegen“ das Optionsfeld Datum an, um das Datum der aktuellen Seite mit in das Makro aufzunehmen. Markieren Sie das Datum, und klicken Sie auf OK.

Tragen Sie nun in das Eingabefeld rechts neben der Schaltfläche Testen die Ziffern ein, die erforderlich sind, um wieder auf die Hauptübersichtsseite der Bank oder Sparkasse zu verzweigen.

Häufig ist das die Ziffer „0“ (Null). Wenn die Seite wieder dargestellt wird, legen Sie sie über Kontrolltext... erneut fest und klicken abschließend auf die Schaltfläche Speichern.

4 Sie können die Funktionsfähigkeit des Makros überprüfen, indem Sie auf die Schaltfläche Testen klicken.

Lernmodus „Überweisung“

Als nächstes sollten Sie den Lernmodus „Überweisung“ ausführen.

1 Dazu markieren Sie im Fenster „Btx-Lernmodus“ die Registerkarte „Überweisung“. Für dieses Makro müssen Sie eine echte Überweisung durchführen. Nicht alle Kreditinstitute erlauben es aber, einen beliebigen Betrag auf das eigene Konto zu transferieren, so daß Sie die Überweisung gegebenenfalls an einen anderen Empfänger senden müssen. Wenn Sie die dazu erforderlichen Empfängerinformationen bereitgelegt haben, kann’s losgehen.

2 Sie werden aufgefordert, alle Empfängerinformationen zu speichern. Es ist sinnvoll, in beiden Verwendungszweck-Feldern zumindest ein Zeichen einzugeben. Verteilen Sie die Ihnen vorliegenden Angaben gegebenenfalls auf beide Felder, und klicken Sie auf die Schaltfläche Fertig.

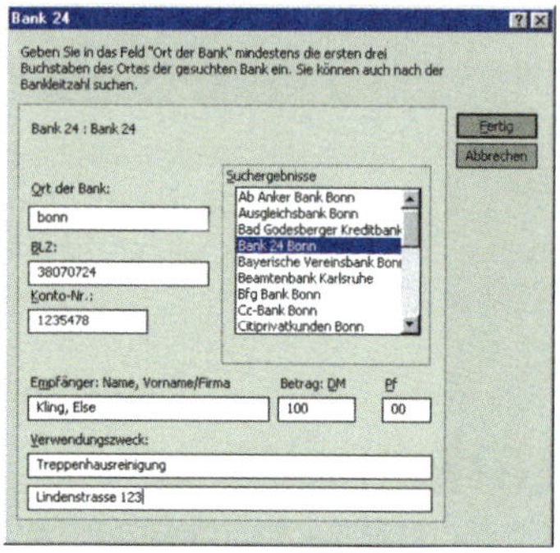

Jetzt sehen Sie wieder das Fenster „Btx Lernmodus“ und legen zunächst die Startposition fest, an der die Aufzeichnung des Makros beginnt.

3 Klicken Sie hierzu auf Kontrolltext..., markieren Sie das besondere Merkmal der Gesamtübersicht, und klicken Sie anschließend auf die Schaltfläche OK.

4 Tippen Sie nun in das Eingabefeld rechts neben der Schaltfläche Testen die Ziffern ein, die erforderlich sind, um das Online-Formular für Überweisungen darzustellen. Wenn Sie die Seite erreicht haben, kennzeichnen Sie sie ebenfalls über die Schaltfläche Kontrolltext....
Danach können Sie mit dem Ausfüllen der Überweisung beginnen.

5 Damit das Makro keine Daten aufzeichnet, die veränderbar sind, dürfen Sie nun auch nicht die Kontonummer des Empfängers eintippen! Andernfalls würde Money immer wieder dieselbe Überweisung tätigen. Anstatt die Daten nun einzeln einzugeben, müssen Sie das Listenfeld neben der Schaltfläche Testen öffnen, indem Sie auf den nach unten weisenden Pfeil klicken.

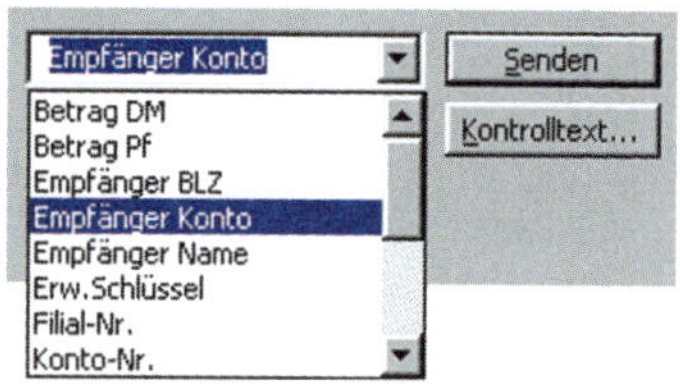

Hier finden Sie alle Daten, die für eine Online-Überweisung von Bedeutung sein können.

! Vorgefertigte Überweisungen

Wichtig: Falls Ihr Kreditinstitut sogenannte „Vorgefertigte Überweisungen“ unterstützt, sollten Sie diese Seite nicht auswählen. Unter „vorgefertigten Überweisungen“ versteht man Überweisungen, bei denen alle Empfängerangaben wie Name, Kontonummer, Bankleitzahl und Kreditinstitut im Rechner der Bank gespeichert werden und durch eine Nummer aktiviert werden können. Dann brauchen Sie nur noch einen Betrag und den Verwendungszweck dazuzuschreiben und die Überweisung abzusenden. Money 98 unterstützt diese Überweisungsart jedoch nicht!

Klicken Sie beispielsweise auf den Eintrag „Empfänger BLZ“, um die Bankleitzahl zu übertragen, oder auf „Empfänger Konto“, um die Bankverbindung des Empfängers zu vervollständigen.

6 Wenn Money nach dem Absenden einer Zeichenfolge feststellt, daß das entsprechende Feld im Online-Formular die Eingabe von weiteren Zeichen zuläßt, erscheint wieder ein Hinweis. Lassen Sie Money das Feld auch an dieser Stelle Ausfüllen, damit die Anzahl der maximal möglichen Zeichen ermittelt und gespeichert wird.

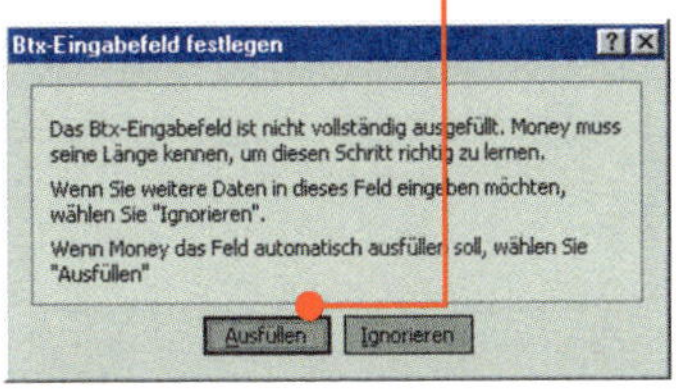

Verfahren Sie in der angegebenen Weise, bis das Formular in T-Online vollständig ausgefüllt ist.

7 Bei den meisten Kreditinstituten müssen Sie nach dem Ausfüllen der Felder die gesamte Seite „absenden“ - in der Regel mit 19 oder per Raute (#). Dann wird die Seite neu aufgebaut, und aus Ihren Angaben zur Bankleitzahl wird automatisch der Name des zugehörigen Kreditinstitutes ermittelt.

Auf jeden Fall aber müssen Sie die Überweisung mit einer TAN bestätigen. Auch diese wählen Sie über das unbenannte Listenfeld neben der Schaltfläche Testen aus. Klicken Sie einfach auf den Eintrag „TAN-Nr“. Je nach Bank oder Sparkasse muß die Seite nun ein weiteres Mal abgesandt werden. Die erforderlichen Informationen erhalten Sie in der letzten Zeile des T-Online-Bildschirms.

8 Sehr wichtig ist zum Abschluß dieser Makroaufzeichnung, daß Sie die Bestätigung Ihrer Bank kennzeichnen. Dazu klicken Sie im Fenster „Btx Lernmodus“ auf die Schaltfläche Kontrolltext... und markieren im Online-Formular den entsprechenden Bereich.

! Richtig markieren

Achten Sie unbedingt darauf, daß Sie keine Datums- und Zeitangaben mit in die Markierung aufnehmen! Auch alle veränderbaren Daten dürfen nicht gekennzeichnet werden, weil Money sie im Regelbetrieb nicht mehr wiederfinden würde! Wenn Sie also bei der Makroaufzeichnung das Kennzeichen „Überweisung wurde am 14.2.1998 ausgeführt“ markieren, wird Money diese Zeichenkette schon einen Tag später nicht mehr vorfinden und jede Überweisung, auch wenn sie tatsächlich ausgeführt wurde, als „nicht ausgeführt“ interpretieren!

9 Nun brauchen Sie nur noch die Übersichtsseite Ihrer Online-Bank darzustellen und diese Seite wieder mit einem Kontrolltext zu kennzeichnen. Sie können das Makro „Überweisung“ in diesem Stadium noch einmal testen. Als Testbuchung werden dazu erneut die Empfängerdaten herangezogen, die Sie anfangs gespeichert haben und mit denen bereits die erste Online-Überweisung ausgeführt wurde. Klicken Sie hierzu auf die Schaltfläche [Testen].

Lernmodus „Kontoauszug“

Über die Registerkarte „Kontoauszug“ können Sie ein Makro aufzeichnen, das alle Umsätze auf Ihrem Online-Konto einliest und sie darstellt. Am Ende der Online-Verbindung steht es Ihnen frei, die Buchungen auch in Ihr Money-Kontobuch zu übernehmen. Falls dabei doppelte Buchungen auftauchen, weil Sie sie vielleicht schon einmal erfaßt haben, können Sie die Buchung aber auch ohne weiteres verwerfen.

1 Zunächst wird ein Dialogfenster dargestellt, in dem Sie einen Datumsbereich angeben müssen.

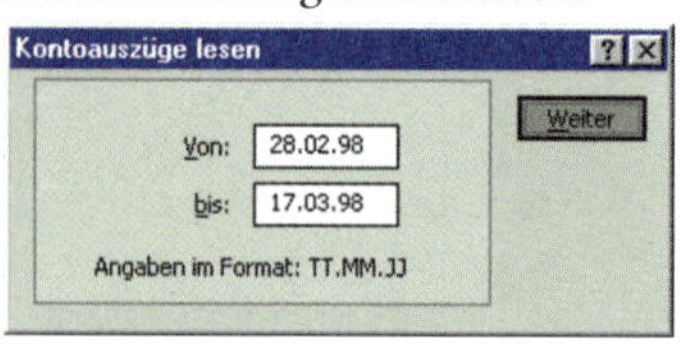

Die Buchungen dieses Zeitraums wird Money nun im Lernmodus einlesen. Bei jedem weiteren Ausführen des Makros wird immer nur der Zeitraum eingelesen, der noch nicht berücksichtigt wurde.

2 Klicken Sie auf die Schaltfläche [Weiter], um im Dialogfenster „Bedingung festlegen“ einen Kontrolltext zu bestimmen. Sinnvollerweise sollten Sie dafür wieder das besondere Merkmal der Hauptübersichtsseite Ihrer Bank oder Sparkasse markieren. Tragen Sie nun wieder die Kennziffern in das Eingabefeld rechts neben der Schaltfläche [Testen] ein, die erforderlich sind, um zu den Buchungen zu gelangen, die Ihr Kreditinstitut online bereithält.

3 Sobald die erste Seite der Umsätze angezeigt wird, klicken Sie auf die Schaltfläche [Auszug...]. Die Seite mit der Umsatzanzeige muß jetzt auf vielfältige Weise ausgewertet werden, damit Money später genau unterscheiden kann, an welcher Stelle das Datum, der Betrag oder der Verwendungszweck eines Umsatzes zu finden ist.

4 Am Bildschirm wird das Dialogfeld „Kontoauszug lernen“ dargestellt. Zunächst soll jetzt der Seitenbereich der Kontoauszüge festgelegt werden. Damit ermittelt Money die Positionen, an denen verwertbare Informationen zum Lesen von Umsätzen zu finden sind. Der Rest ist für das Auslesen von Kontoauszügen uninteressant und sollte von der Markierung ausgespart werden.

Klicken Sie neben das Dialogfenster, und markieren Sie den Bereich mit verwertbaren Informationen, also mit Angaben, die für einen Kontoauszug wichtig sind.

5 Damit auch die Umsätze in Money 98 übertragen werden können, die nicht auf der ersten Seite der Umsatzanzeige stehen, müssen Sie dem Lernmodus mitteilen, wie zur nächsten Seite geblättert wird. Hierzu aktivieren Sie im Gruppenfeld Befehl zum Weiterblättern das Eingabefeld Befehl: # und tippen das Zeichen ein, das zum Blättern erforderlich ist.

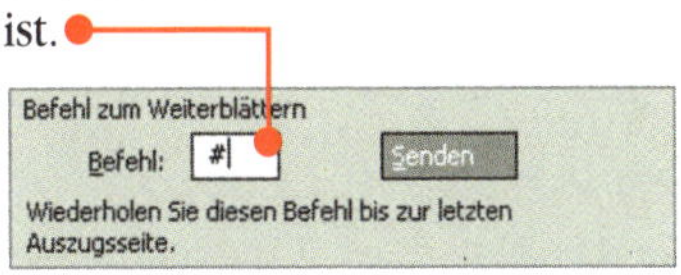

Klicken Sie einmal auf die Schaltfläche Senden, um das Zeichen an T-Online zu übertragen. Wiederholen Sie diesen Vorgang so lange, bis die letzte Seite der Kontoauszüge erreicht ist.

6 Wenn keine weiteren Umsätze vorhanden sind, wird dies entsprechend angezeigt (zum Beispiel „Ende der Umsätze“ oder „Keine weiteren Umsätze“). Klicken Sie dann im Dialogfenster „Kontoauszug lernen“ auf die Schaltfläche Letzte Seite. Damit wird das Dialogfenster nach unten erweitert, und Sie müssen jetzt die entsprechende Meldung markieren.

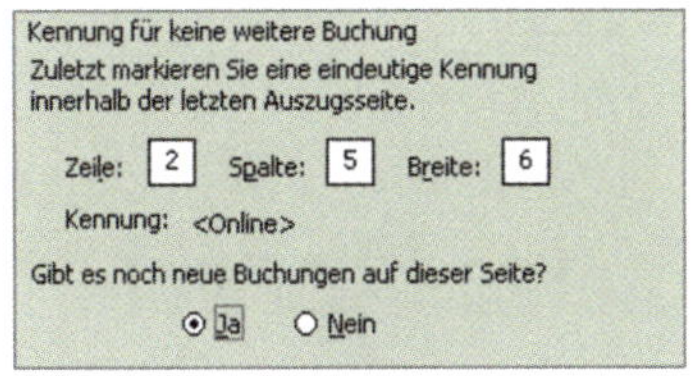

Klicken Sie auf OK, um die Definition zu beenden.

7 Nun verzweigen Sie wieder auf die Hauptübersichtsseite Ihres Kreditinstitutes zurück. Tragen Sie die entsprechenden Angaben wieder in das Eingabefeld rechts neben der Schaltfläche Testen ein, und klicken Sie auf Senden. Führen Sie auch für dieses Makro einen Testlauf durch, und speichern Sie es abschließend.

Lernmodus beenden

Um den Lernmodus zu beenden, klikken Sie im Fenster „Btx Lernmodus“ auf die Schaltfläche Schließen. Am Bildschirm erscheint daraufhin ein Dialogfenster mit der Frage, ob

Sie den Lernmodus tatsächlich verlassen und die Verbindung zu T-Online trennen wollen.

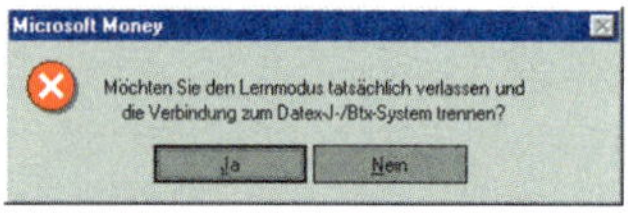

Beantworten Sie die Frage mit Ja, damit die Online-Verbindung beendet wird.

Online-Überweisung vorbereiten

Sofern eines Ihres Makros nicht einwandfrei funktionierte, haben Sie es anhand der genauen Beschreibungen in den vorangegangenen Abschnitten selbständig „reparieren" können. Nun erfahren Sie noch, was Sie tun müssen, damit Money weiß, daß eine Buchung online überweisen werden soll.

In Kapitel 3 haben Sie bereits gelesen, wie Sie eine Ausgabe oder Einnahme in Money verbuchen müssen. Damit Money erkennt, daß es eine Buchung bei der nächsten Gelegenheit online überweisen soll, müssen Sie das Programm entsprechend „präparieren":

1 Aktivieren Sie das Kontobuch des Kontos, von dem Sie einen beliebigen Betrag überweisen möchten. Sie sehen im unteren Bereich des Programmfensters dann die sogenannten „Buchungsformulare", die aus den Registern Überweisung, Einzahlung, Umbuchung, Abhebung und Geldautomat bestehen. Aktivieren Sie die Registerkarte Überweisung.

2 Klicken Sie auf die Schaltfläche Neu. Damit öffnen sich alle Eingabefelder der Registerkarte, und die Schreibmarke befindet sich im Feld Nummer:.

Tippen Sie hier das Wort *Online* ein. Sofern Sie die „AutoErgänzen"-Funktion von Money eingeschaltet haben (Standard), wird das Wort „Online" bereits nach der Eingabe des Buchstabens „O" automatisch ergänzt.

3 Tragen Sie den Namen des Empfängers ein, und zwar genau so, wie er auf der Online-Überweisung erscheinen soll. Tippen Sie den Betrag ein, und weisen Sie der Buchung eine Kategorie zu.

4 Anschließend geben Sie im Feld V.-Zweck: beispielsweise die Rechnungs- oder Kundennummer ein, damit der Empfänger anhand dieser Angaben Ihre Überweisung zuordnen kann. Dieses Feld entspricht den beiden Feldern „Verwendungszweck" auf einem **beleghaften Überweisungsträger**.

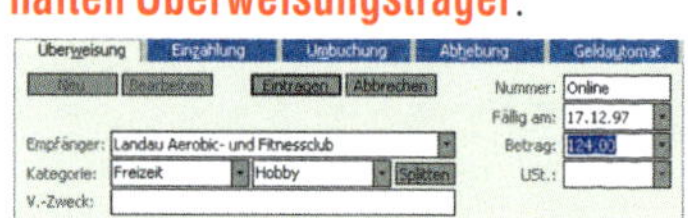

5 Sobald Sie das letzte Feld ausgefüllt haben, können Sie auf die Schaltfläche Eintragen klicken. Falls der Empfänger noch nicht in Ihrer Empfänger-Datenbank gespeichert sein sollte, fordert Money Sie auf, die erforderlichen Kontoinformationen einzugeben:

Wenn Sie jetzt noch auf die Schaltfläche Fertig klicken, ist die Buchung als Online-Überweisung vorgemerkt. Dies wird im Kontobuch an einem speziellen Symbol deutlich:

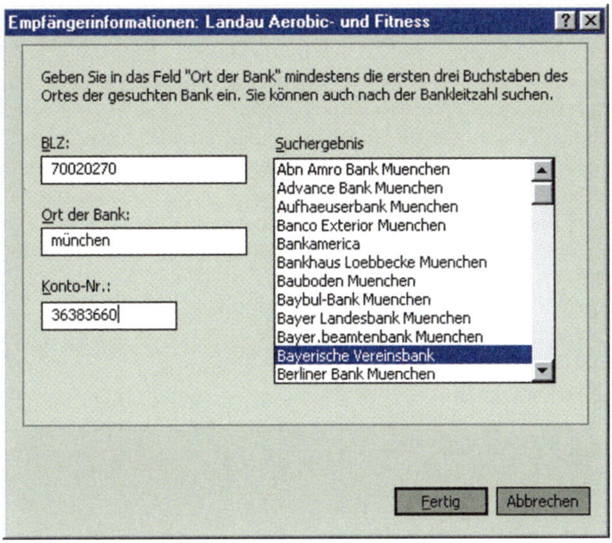

5 Berichte und Budgets

Mit Money 98 können Sie Ihre Ausgaben nicht nur verwalten, sondern Ihre Einnahmen und Ausgaben auch in Berichten zusammenfassen. Die monatlichen Berichte von Money 98 Plus ermöglichen Ihnen hierbei einen Vergleich zwischen dem aktuellen beziehungsweise gewählten Monat und dem jeweils vorherigen Monat. So können Sie erkennen, wie sich Ihre Einnahmen und Ausgaben entwickelt haben und möglicherweise schneller reagieren, um anstehende Probleme zu lösen.

Erstellen Sie Ihr Budget, damit Sie Ihre Finanzen noch besser überblicken. Anhand des Budgets erfahren Sie in Windeseile, ob Sie Geld für weitere Anschaffungen zur Verfügung haben oder nicht. Vor allem bietet Ihnen ein ausführliches Budget Sicherheit. Wenn Sie alle Eventualitäten berücksichtigen, wird Sie beispielsweise die jährliche KFZ-Versicherung oder -Steuer nicht unerwartet treffen.

Im einzelnen erfahren Sie im fünften Kapitel dieses Buches,

- wie Sie Berichte erstellen,
- wie Sie Berichte anpassen,
- wie Sie ein Budget einrichten,
- wie Sie Ihr Budget überprüfen,
- und wie Sie Sparpläne erstellen.

Kapitel-Wegweiser

Wieviel Geld haben Sie wofür ausgegeben? ... 65
Einnahmen-/Ausgaben-Übersicht ... 66
Berichte anpassen ... 66
Ein Budget einrichten ... 68
Budget überprüfen ... 70
Was können Sie sich leisten? ... 71
Bericht drucken ... 74
Bericht speichern ... 76
Buchungen im Bericht ändern ... 77

Wieviel Geld haben Sie wofür ausgegeben?

Jeden Monat geben Sie Geld für die unterschiedlichsten Dinge aus. Hierbei den Überblick zu behalten, ist erfahrungsgemäß auf Papier äußerst schwierig. Wenn Sie Money 98 konsequent einsetzen und alle Buchungen der verschiedenen Konten eingegeben haben, können Sie im Handumdrehen herausfinden, wofür Sie Ihr Geld ausgegeben haben.

1 Klicken Sie mit der linken Maustaste in der Menüleiste auf den Eintrag Berichte.

2 Damit Sie einen Überblick über Ihre Ausgabegewohnheiten erhalten, klicken Sie in der linken Spalte auf den Eintrag

3 Die in diesem Bereich enthaltenen Berichte werden nun in der rechten Spalte aufgeführt.

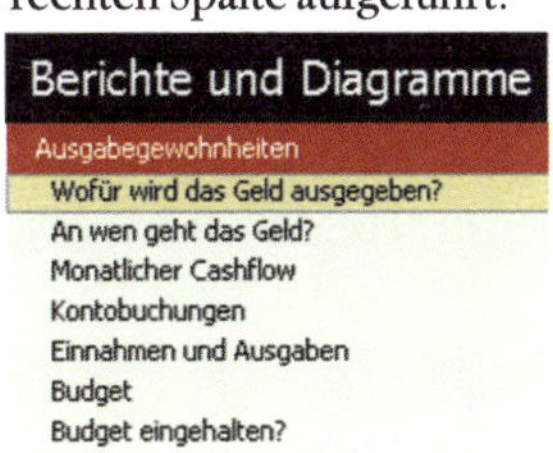

Mit einem Klick auf den Eintrag

erhalten Sie einen Überblick über Ihren Geldfluß.

4 Um den Bericht darzustellen, klicken Sie auf die Schaltfläche

Daraufhin wird ein Bericht für den Zeitraum der letzen 30 Tage dargestellt.

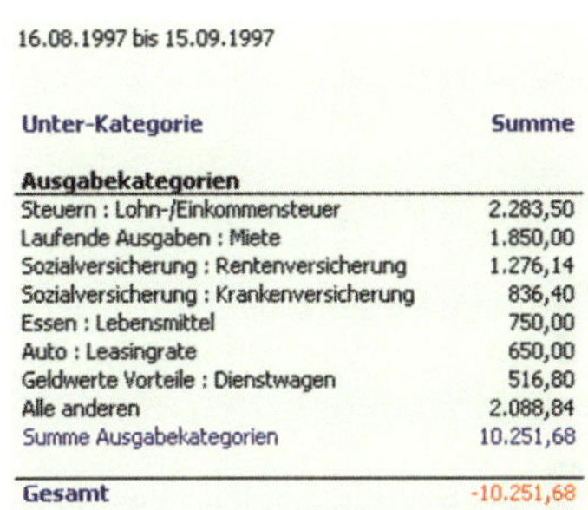

16.08.1997 bis 15.09.1997

Unter-Kategorie	Summe
Ausgabekategorien	
Steuern : Lohn-/Einkommensteuer	2.283,50
Laufende Ausgaben : Miete	1.850,00
Sozialversicherung : Rentenversicherung	1.276,14
Sozialversicherung : Krankenversicherung	836,40
Essen : Lebensmittel	750,00
Auto : Leasingrate	650,00
Geldwerte Vorteile : Dienstwagen	516,80
Alle anderen	2.088,84
Summe Ausgabekategorien	10.251,68
Gesamt	-10.251,68

5 Wenn Sie die Darstellung des Berichts ändern möchten, klikken Sie hierzu auf das gewünschte Symbol am unteren Fensterrand:

Einnahmen-/Ausgaben-Übersicht

Was bleibt von Ihrem Geld nach Abzug sämtlicher Ausgaben eigentlich übrig? Der Einnahmen-und-Ausgaben-Bericht gibt hierüber Auskunft.

1 Klicken Sie mit der linken Maustaste in der Menüleiste auf den Eintrag Berichte.

2 Wählen Sie in der linken Spalte den Bereich

3 Dort klicken Sie in der rechten Spalte auf den Eintrag

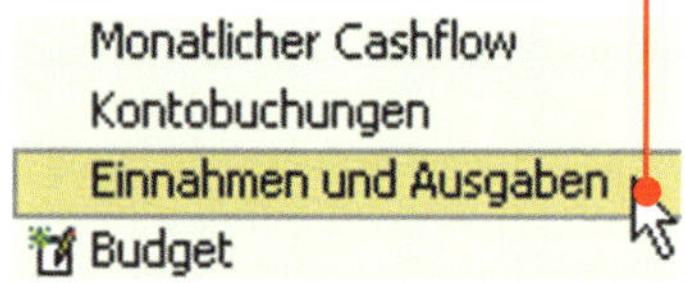

4 Um den Bericht darzustellen, klicken Sie auf die Schaltfläche

Berichte anpassen

Jeder von Money 98 erstellte Bericht läßt sich nach Ihren persönlichen Wünschen gestalten.

1 Rufen Sie zunächst, wie oben beschrieben, den Standardbericht von Money 98 auf.

2 Danach klicken Sie im dargestellten Bericht in der Symbolleiste am unteren Fensterrand auf das Symbol

3 Wählen Sie als erstes eine neue Überschrift für den Bericht. Geben Sie hierzu den gewünschten Text in das Feld

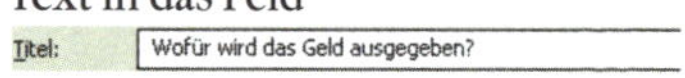

ein.

4 Welche Informationen in jeder Zeile dargestellt werden, bestimmen Sie unter

Klicken Sie mit der linken Maustaste auf den nach unten weisenden Pfeil und in der Liste auf den gewünschten Eintrag.

5 In welchem Maße der Bericht aufgeschlüsselt wird, legen Sie

im Feld

fest. Klicken Sie auch hier auf den Abwärtspfeil und in der Liste auf den Eintrag Ihrer Wahl.

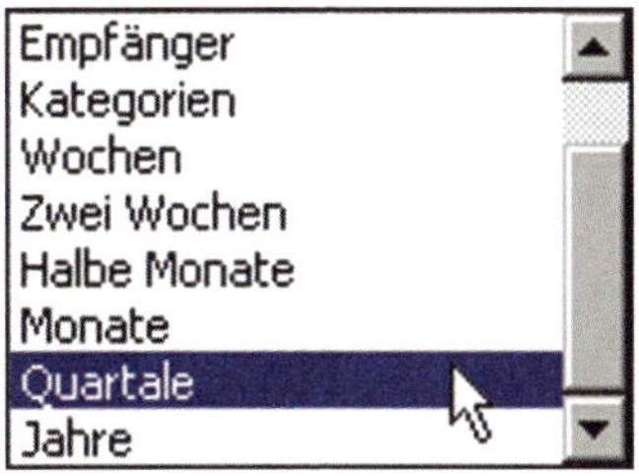

6 Für eine übersichtliche Darstellung sollten Sie alle kleineren Beträge zusammenfassen. Im Diagramm erscheinen diese dann in der Kategorie Alle anderen. Üblicherweise werden alle Werte unter 5 Prozent der Gesamtsumme zusammengefaßt. Wenn Sie diese Einstellung ändern möchten, geben Sie den gewünschten Wert in das Feld

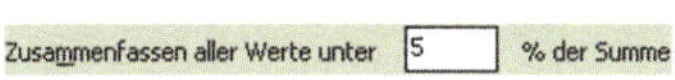

ein.

7 Welche Daten im Bericht berücksichtigt werden, bestimmen Sie im Feld Datumsbereich.
Klicken Sie mit der linken Maustaste auf den nebenstehenden Abwärtspfeil und in der Liste auf den gewünschten Eintrag.

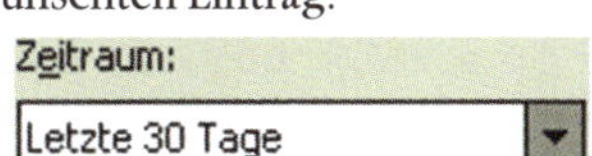

Unterhalb des Feldes wird der gewählte Zeitraum in den Feldern angezeigt.

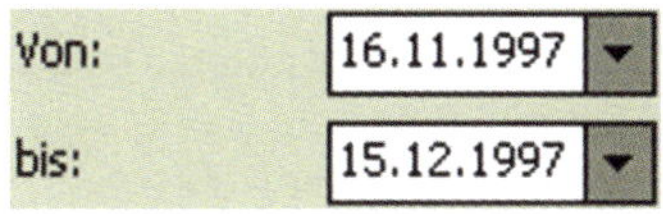

Sofern Sie den Zeitraum lieber von Hand eingeben wollen, klicken Sie in die Felder und tragen das Datum ein. Über den Abwärtspfeil rechts neben dem Feld können Sie das gewünschte Datum im Kalender anklicken.

8 Welche Buchungen bei der Erstellung des Berichts aufgenommen werden, bestimmen Sie im Bereich Buchungen aufnehmen.

Wählen Sie im oberen Bereich die gewünschten Konten

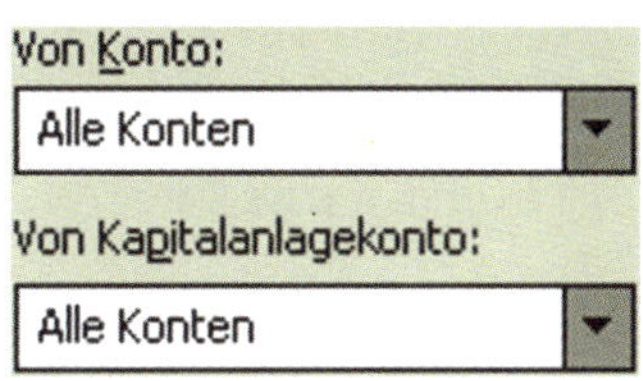

und legen Sie im unteren Bereich fest, welche Buchungen von diesen Konten im Bericht berücksichtigt werden sollen. Falls Sie nicht sämtliche Buchungen verwerten wollen, klicken Sie auf

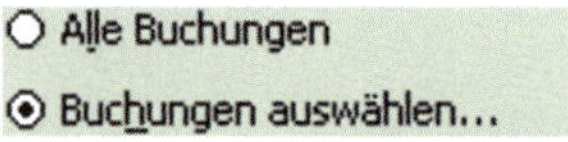

Im Dialogfenster Buchungen auswählen können Sie in den vier Registerkarten verschiedene Einschränkungen bei der Wahl der zu berücksichtigenden Buchungen vornehmen. Wählen Sie beispielsweise in der Registerkarte Kategorien alle Ausgabekategorien.

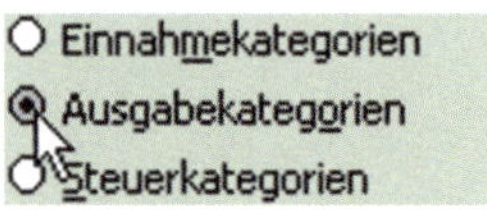

Nachdem Sie alle Buchungen, die Sie aufnehmen möchten, gekennzeichnet haben, klicken Sie im Dialogfenster Buchungen auswählen auf die Schaltfläche OK.

9 Klicken Sie anschließend auf die Schaltfläche Ansicht, damit der angepaßte Bericht dargestellt wird. Um den Bericht wieder in der ursprünglichen Fassung anzuzeigen, klicken Sie auf die Schaltfläche Zurücksetzen.

> **! Angepaßte Berichte**
>
> Wenn Sie einen Bericht schließen, ohne die persönlichen Änderungen vorher zurückzunehmen, werden diese Änderungen in Money 98 aufgenommen. In der Liste der Berichte erkennen Sie einen angepaßten Bericht an dem vorangestellten Symbol
>
> 

Ein Budget einrichten

Ein Budget hilft Ihnen, Geld zu sparen oder Ihre Schulden abzubauen. Im Gegensatz zu den typischen Budgetierungen geht Money 98 hierbei nicht von Ihren Einnahmen nach Abzug der Ausgaben aus und weist das übrige Geld Sparanlagen und Schuldenabzahlungen zu. Statt dessen werden Sparanlagen und Schuldenabzahlungen direkt von den Einnahmen abgezogen und das übrige Geld den Ausgaben zugewiesen. Somit ist gewährleistet, daß das Ansparen von Geld sowie die Abtragung von Schulden als erstes sichergestellt werden.

1 Klicken Sie in der Menüleiste auf den Eintrag Planer.

2 Zunächst benötigt der Planer Ihre persönlichen Daten. Klicken Sie hierzu in der Übersicht auf

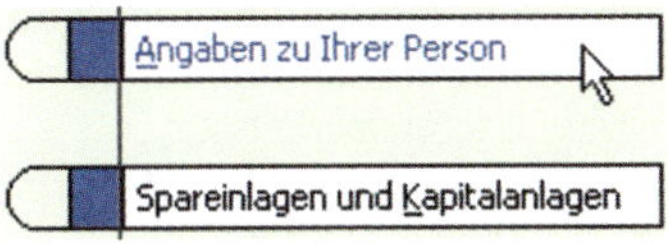

! Der Planer

Das Budget ist lediglich ein Teil des Planers. Daher sollten Sie zuvor, falls nicht schon geschehen, Ihre persönlichen Daten eingeben. Wenn Sie dies bereits getan haben, können Sie die Schritte 2 bis 5 überspringen und in der Planer-Übersicht direkt auf den Eintrag

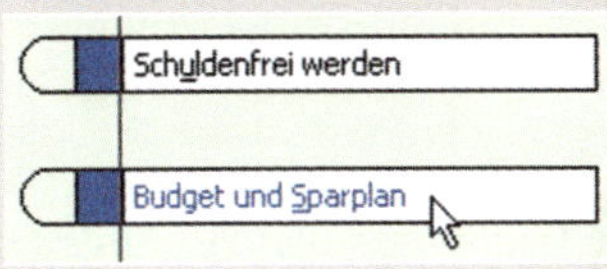

klicken.

3 Tippen Sie Ihre persönlichen Daten in die Spalte **Sie** ein. Die Daten Ihres Lebenspartners tragen Sie in die Spalte **Partner** ein.

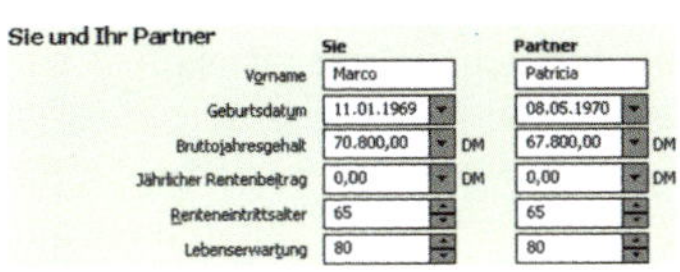

4 Nachdem Sie Ihre persönlichen Daten eingetippt haben, gelangen Sie mit einem Klick in der Menüleiste auf den Eintrag Planer zurück in die Übersicht.

5 Klicken Sie dort in der Übersicht auf den Eintrag

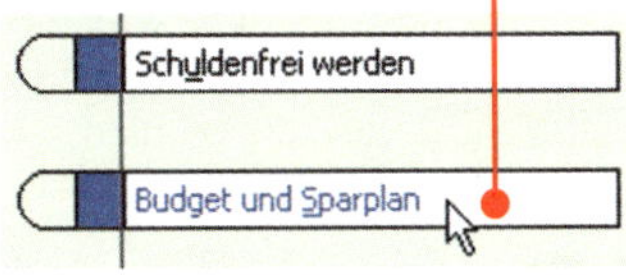

6 Geben Sie Ihre monatlichen Einnahmen im gleichnamigen Bereich ein. Klicken Sie hierzu mit der linken Maustaste auf den Eintrag Bruttogehalt: Marco, und tippen Sie die entsprechenden Daten in der rechten Spalte des Fensters ein.

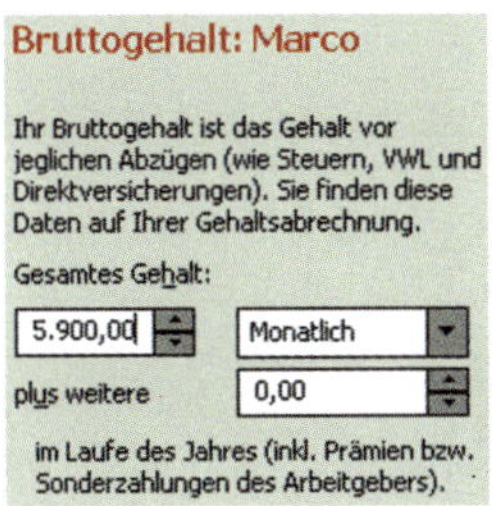

7 Fügen Sie nun die Daten des Partners ein. Klicken Sie auf den Eintrag Bruttogehalt: Patricia, und geben Sie auch hier die Daten wieder in die rechte Spalte ein.

8 Anschließend klicken Sie im Bereich Monatliche Ausgaben auf den Eintrag Ausgaben und Steuern und in der rechten Spalte auf den Eintrag Ausgabendetails... .

9 Bereits eingegebene regelmäßige Zahlungen sind im Budget schon eingetragen. Mit Hilfe des „AutoBudgets“ können Sie für alle anderen Buchungen eine Basis für Ihre Budgetplanung vorgeben. Klicken Sie hierzu im Dialogfenster Ausgabendetails auf die Schaltfläche AutoBudget.

10 Nachdem Money 98 Ihre Daten analysiert hat, werden im Dialogfenster AutoBudget Kategorien aufgeführt, die nicht im Budget enthalten sind. Aktivieren Sie das Kontrollkästchen vor den Einträgen, die Sie in das Budget aufnehmen möchten.

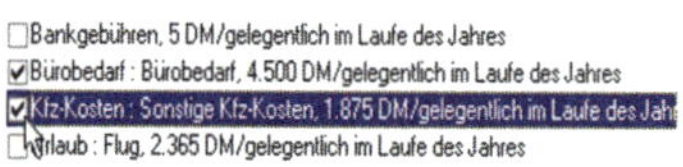

Bestätigen Sie Ihre Änderungen mit einem Klick auf OK.

11 Sie können nun die Budgetplanung verlassen und in einen beliebigen anderen Bereich von Money 98 wechseln.

Budget überprüfen

Nachdem Sie Ihr Budget erstellt haben, können Sie es mit den eingegebenen Daten vergleichen. Hierbei werden sämtliche Einnahmen und Ausgaben noch einmal kontrolliert. Auf diese Weise lassen sich Abweichungen schnell erkennen.

1 Klicken Sie mit der linken Maustaste in der Menüleiste auf den Eintrag Berichte.

2 Wählen Sie in der linken Spalte den Bereich

3 Klicken Sie danach in der rechten Spalte auf den Eintrag

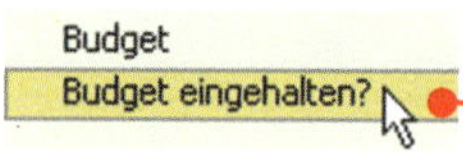

4 Damit der Bericht dargestellt wird, klicken Sie auf die Schaltfläche

Gehe zu Bericht/Diagramm

5 Im Bericht werden nun die im Budget enthaltenen Zahlungen monatlich in drei Spalten aufgeführt. In der Spalte **Ist** stehen die Buchungen, die Sie tatsächlich vorgenommen haben. In der zweiten Spalte **Budget** werden die im Budget veranschlagten Beträge aufgeführt. Die zwischen Budget und Ist-Wert berechnete Abweichung finden Sie in der Spalte **Differenz**.

Wenn Sie in einer Kategorie mehr Geld ausgegeben haben, als im Budget vermerkt, so wird dieser Betrag im Bericht in roten Zahlen aufgeführt.

836,40	836,40	0,00
2.367,57	400,00	-1.967,57
750,00	650,00	-100,00
516,80	516,80	0,00

Was können Sie sich leisten?

Sie spielen mit dem Gedanken, aus der Mietwohnung oder dem Mietshaus in ein Eigenheim zu ziehen? Mit Hilfe des Finanzierungsstrategen können Sie berechnen, wieviel Geld Ihnen hierfür zur Verfügung steht.

1 Klicken Sie mit der linken Maustaste in der Menüleiste auf den Eintrag Finanzpraxis.

2 Wählen Sie aus dem Inhaltsverzeichnis des Bereichs „Finanzpraxis“ per Mausklick den Finanzierungsstrategen.

3 Der Willkommen-Bildschirm gibt Auskunft über den Finanzierungsstrategen. Klicken Sie mit der linken Maustaste auf

um mit der Eingabe der Informationen zu beginnen.

4 Legen Sie als erstes fest, was Sie mit dem Finanzierungsstrategen berechnen möchten.

> **! Berechnungsgrundlage**
>
> Je nachdem, welches Ziel Sie bei der Berechnung verfolgen, müssen Sie Eingaben in verschiedenen Feldern vornehmen. Im folgenden wird lediglich auf die Berechnung von „Grundgebühren, monatliche Zahlung und Kaufpreis“ eingegangen.

Klicken Sie mit der linken Maustaste auf den Pfeil neben dem Feld

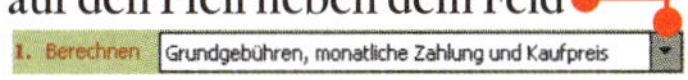

Aus der sich öffnenden Liste wählen Sie nun, ebenfalls per Mausklick, das Modell, das Money 98 berechnen soll.

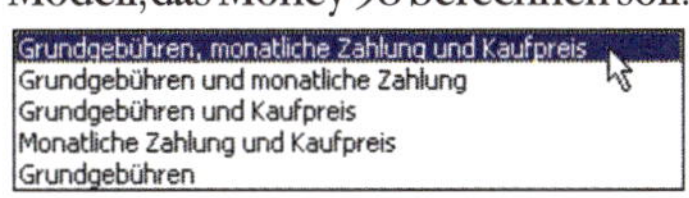

> **! Zusätzliche Hilfe**
>
> In der linken Hälfte des Money-98-Fensters erhalten Sie zusätzliche Informationen zu dem Eingabefeld, in dem die Einfügemarke plaziert ist beziehungsweise in das Sie mit der linken Maustaste hineingeklickt haben.

5 Tippen Sie in das erste Eingabefeld Ihr „Monatliches Bruttoeinkommen“ ein.

6 Wechseln Sie in das nächste Eingabefeld, und fügen Sie dort sämtliche „Monatlichen Zahlungen an Kreditgeber“ ein, die Sie zur Zeit oder auch in absehbarer Zukunft tätigen müssen. Diese Zahlungen werden bei der Kapitalbildung nicht berücksichtigt, da diese Kredite noch abbezahlt werden müssen.

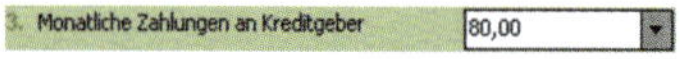

7 Für gewöhnlich müssen Sie für die Finanzierung des Hauses eine Anzahlung leisten. Die Höhe der Anzahlung richtet sich hierbei nach Ihrem Kreditgeber. Üblich sind Anzahlungen in Höhe von 10 oder 20 Prozent des Kaufpreises. Geben Sie den Wert in das Feld „Anzahlung“

ein.

8 Nachdem Sie alle Eingabefelder ausgefüllt haben, berechnet Money 98 die übrigen Felder.

Am unteren Rand des Fensters werden die berechneten Informationen ausführlich dargestellt. Manchmal müssen Sie das Money-98-Fenster dann vergrößern, damit die Informationen nicht abgeschnitten werden. Klicken Sie hierzu mit der linken Maustaste auf das entsprechende Symbol in der Titelleiste von Money 98.

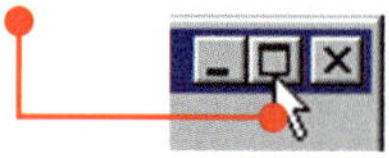

9 Wechseln Sie nun in die Eingabemaske für die „Kreditdetails“. Klicken Sie hierzu mit der linken Maustaste auf

10 Zunächst legen Sie die Laufzeit des Kredits fest. Üblich sind Laufzeiten zwischen 5 und 30 Jahren. Klicken Sie in das Eingabefeld „Kreditlaufzeit“, und tippen Sie die Jahreszahl ein.

11 Für die gesamte Laufzeit des Kredits gilt ein gleichbleibender Zinssatz. Geben Sie diesen in das Feld „Fester Zinssatz“ ein.

12 Wenn Sie ein Disagio vereinbart haben, tragen Sie den Wert in das Feld „Disagio“

ein.

13 Falls Sie eine Hypotheken-Lebensversicherung abschließen mußten, gehört die damit verbundene monatliche Belastung in das gleichnamige Feld

14 Wieviel Geld ist bei Ihnen monatlich für Versicherungen zu berücksichtigen? Tippen Sie die Summe in das Feld „Versicherungsbeiträge“ ein.

5. Versicherungsbeiträge 373,83

15 Die Grundgebühren, die bei Abschluß des Kreditvertrages anfallen, bemessen sich nach der Höhe der Kreditsumme und betragen üblicherweise 4 bis 6 Prozent. Geben Sie den für Sie zutreffenden Wert bei „Grundgebührsatz“ ein.

6. Grundgebührsatz 4 %

16 Bei Abschluß des Kreditvertrages wird auch festgelegt, wie hoch Sie sich verschulden. Für gewöhnlich wird hierbei ein Verschuldungsgrad (Vermögen) von 36 Prozent gewählt. Wenn Sie einen anderen Verschuldungsgrad (Vermögen) vereinbart haben, tippen Sie diesen in das entsprechende Feld ein.

7. Verschuldungsgrad (Vermögen) 36 %

In der rechten Hälfte des Fensters können Sie ablesen, welche Höhe Ihre Verbindlichkeiten einschließlich der Abzahlungen für das Haus maximal erreichen dürfen.

Aufgrund Ihres Verschuldungs- grads (Vermögen) dürfen Ihre monatlichen Verbindlichkeiten, einschließlich Abzahlungen für das Haus, Kreditkartenzahlungen und sonstigen Krediten 3.204,25 DM nicht überschreiten.

17 Schließlich legen Sie den Verschuldungsgrad in bezug auf das Einkommen fest. Das heißt, Sie bestimmen, welcher Teil Ihres Bruttoeinkommens für die Abzahlung des Kredits genutzt werden soll. Tragen Sie den Prozentwert in das dazugehörige Eingabefeld ein.

8. Verschuldungsgrad (Einkommen) 28 %

18 Änderungen in den Feldern unter Kreditdetails führen zu neuen Berechnungen, deren Ergebnis Sie wieder im unteren Bereich des Fensters ablesen können.

Laut Berechnung von Money können Sie sich ein Haus im Wert von 360.873,00 DM leisten. Sie zahlen 72.174,60 DM als Anzahlung, 14.434,92 DM Grundgebühren und monatlich 2.492,20 DM. Die Berechnungen sind Annäherungswerte.

19 Nachdem Sie nun alle Werte eingegeben haben, können Sie diese nochmals überprüfen. Klikken Sie hierzu mit der linken Maustaste auf

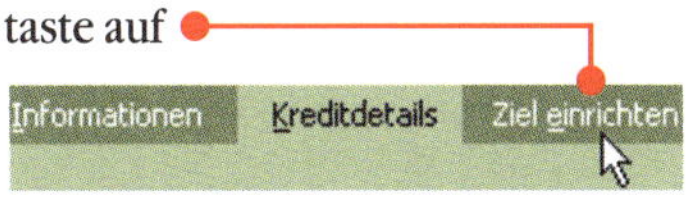

Daraufhin werden die Einzelheiten im Fenster

Überprüfen und Ändern

1. Wenn Sie die Zahlen unten ändern möchten, gehen Sie zur Registerkarte "Informationen" oder "Kreditdetails".
2. Wenn Ihnen diese Zahlen korrekt erscheinen, klicken Sie auf die Schaltfläche "Ziel jetzt einrichten", damit Money Sie beim Erreichen dieses Sparziels unterstützt.

Bargeldbedarf für Ausgaben	86.609,52 DM
Monatliche Zahlung	2.492,20 DM
Zins + Tilgung	2.118,37 DM
Versicherung und Hypotheken-Lebensversicherung	373,83 DM
Kaufpreis	360.873,00 DM

angezeigt.

Wenn Sie jetzt das Ziel in Money 98 einrichten möchten, klicken Sie auf die Schaltfläche Ziel jetzt einrichten... .

20 Geben Sie zunächst den Namen des neuen Projekts ein, und klicken Sie auf die Schaltfläche Weiter > .

21 Wählen Sie nun Monat – Januar – und Jahr – 1998 –, in dem Sie das Projekt beginnen möchten, und bestätigen Sie Ihre Eingaben mit Weiter >.

22 Im nachfolgenden Fenster müssen Sie den Preis des Objekts eintragen.

23 Bestimmen Sie als nächstes, ob Sie die Inflation berücksichtigen möchten. Klicken Sie mit der linken Maustaste auf den Abwärtspfeil des Feldes

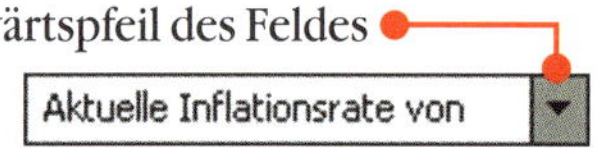

und in der Liste auf den gewünschten Eintrag.

Mit Weiter > gelangen Sie in das nächste Fenster.

24 Die Kreditdetails übernimmt Money 98 aus den vorangegangenen Berechnungen. Sie können jedoch auch noch Änderungen vornehmen. Mit einem Klick auf Weiter > bestätigen Sie Ihre Eingaben.

25 Abschließend legen Sie fest, ob sich Ihre Lebenshaltungskosten durch das Projekt verändern, und klicken auf Weiter >. Im letzten Fenster wird das Projekt mit Fertig stellen in Ihre Planungen aufgenommen.

Bericht drucken

Nachdem Sie einen Bericht erstellt haben, können Sie ihn ausdrucken. Dazu brauchen Sie lediglich innerhalb des Berichtes die rechte Maustaste zu drücken und im Kontextmenü den Befehl Drucken... anzuklicken. Am Bildschirm wird das aus anderen Windows-95-Anwendungen bekannte „Drucken“-Fenster dargestellt. Mit einem Klick auf OK können Sie den Vorgang starten.

Nach dem Ausdruck kommt es jedoch immer wieder zur Ernüchterung, weil der Bericht so gar nicht den Vorstellungen seines Anwenders entspricht. Dies gilt weniger wegen des Inhalts als vielmehr wegen des Layouts. Aber auch hier können Sie Anpassungen vornehmen, obgleich dies – gemessen an anderen Programmen von Microsoft – nur sehr begrenzt möglich ist.

1 Drücken Sie mit der rechten Maustaste an eine beliebige Stelle innerhalb des Berichtes, und klicken Sie im daraufhin erscheinenden Kontextmenü auf die Schaltfläche Anpassen... . Am Bildschirm wird nun das Fenster „Bericht anpassen“ dargestellt.

2 Dort klicken Sie auf die Schaltfläche Breite... . Wenn Ihr Ausdruck das Blatt nicht vollständig ausfüllte, können Sie versuchen, mit einer der Einstellungen mehr Platz für die Spalten zur Verfügung zu stellen.

Falls der Ausdruck hingegen aufgrund der Spaltenbreite auf zwei oder mehrere Seiten verteilt wurde, lohnt es sich, durch Auswählen des Optionsfeldes ○ Schmal eine einseitige Darstellung zu erzielen.

Leider ist es in Money 98 nicht möglich - wie beispielsweise in den Microsoft-Programmen Excel, Word oder Access - , durch Ziehen der Spaltenköpfe mit der Maus für individuelle Spaltenbreiten zu sorgen.

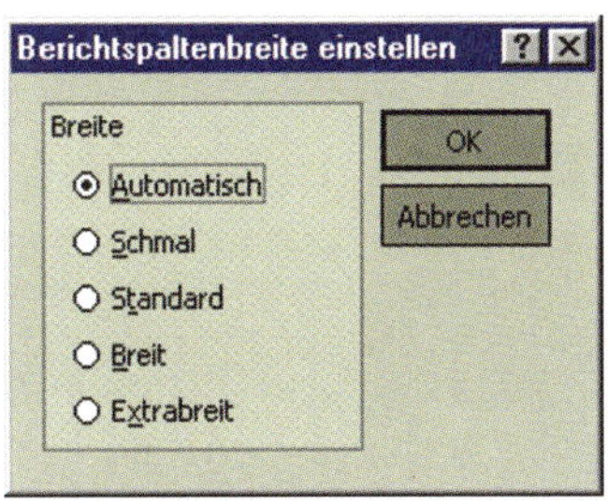

Die besten Ergebnisse erzielen Sie in der Regel, wenn Sie die Einstellung ⊙ Automatisch wählen.

3 Sofern die vorgenommenen Einstellungen noch immer zu keinem befriedigenden Ergebnis führen, können Sie mit einem kleinen Trick nachhelfen. Klicken Sie im Fenster „Bericht anpassen" auf die Schaltfläche Schriftarten... .

Hier läßt sich nun eine beliebige Schriftart auswählen. Vor allem aber durch die Wahl einer kleinen Schriftgröße können Sie erreichen, daß Ihr Bericht weniger Platz einnimmt und die Tabellen in ihrer Breite nicht über zwei Seiten verteilt werden.

! Schriftgrad verringern

Selbst wenn die kleinste Schriftgröße mit „8 Punkt" angezeigt wird, können Sie die Zeichen durch die manuelle Eingabe der Ziffern „6" oder „5" immer noch mehr verkleinern.

4 Falls auch diese Maßnahmen nicht dazu geführt haben, daß Ihr Bericht in der Breite auf eine Seite gedruckt wird, können Sie noch einen letzten Rettungsanker werfen:

Wählen Sie im Berichtsfenster den Befehl Drucken... , nachdem Sie mit der rechten Maustaste das Kontextmenü aktiviert haben. Sie sehen dieses Fenster:

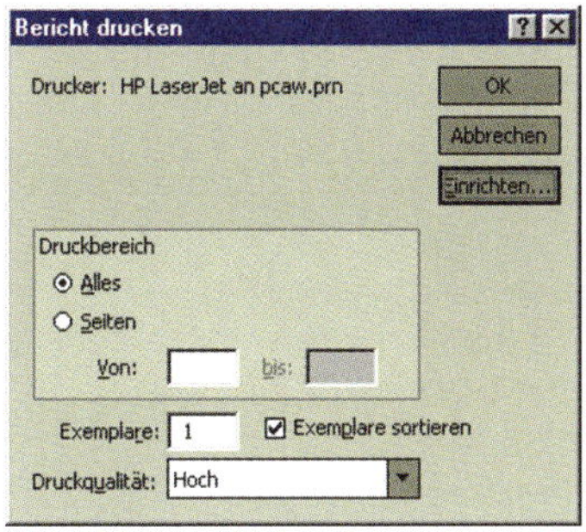

Klicken Sie hier auf die Schaltfläche Einrichten... , und wählen Sie in dem darauffolgenden Fenster im Gruppenfeld „Ausrichtung“

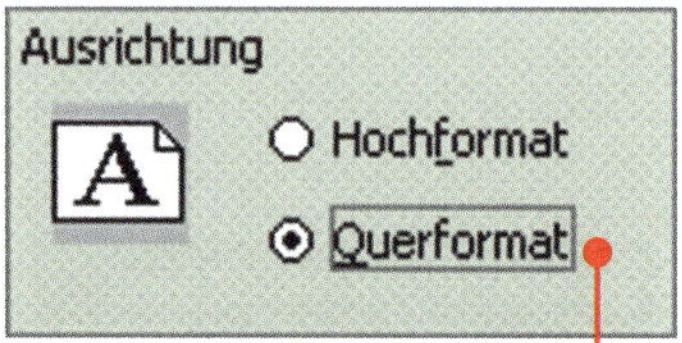

das Kontrollkästchen Querformat . Damit sollte eigentlich jeder mit Money erstellte Bericht so ausgedruckt werden können, daß sich die Spaltenüberschriften nicht auf zwei oder gar drei Seiten verteilen.

Bericht speichern

Sie haben jetzt einen eigenen Bericht erstellt. Das hat zur Folge, daß im Fenster Berichte der ursprüngliche Bericht, der in Money enthalten war, mit einem besonderen Kennzeichen versehen wurde. Es befindet sich links neben dem Namen des Berichtes, an dem Sie eigene Einstellungen vorgenommen haben:

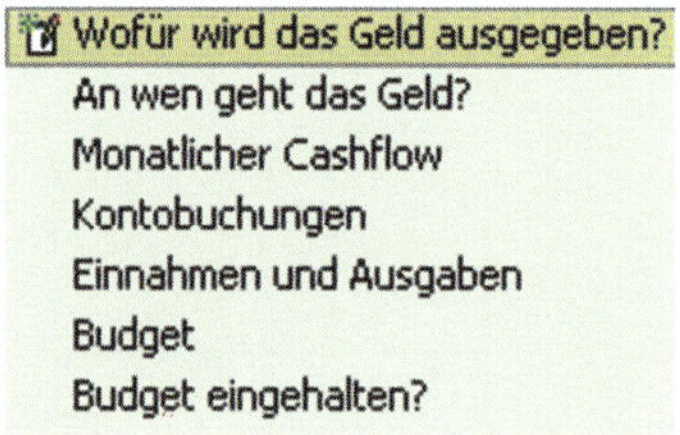

Sie sollten diesen Bericht nun abspeichern, damit Sie ihn unter einem eigenen Namen jederzeit wiederfinden können.

1 Klicken Sie mit der Maus doppelt auf den Namen des Berichts, den Sie angepaßt haben. Wenn der Bericht angezeigt wird, sehen Sie unten rechts das Symbol

Sobald Sie dieses Symbol anklicken, erscheint am Bildschirm das folgende Fenster:

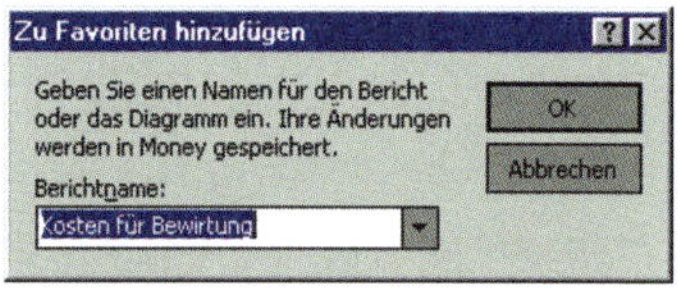

2 Geben Sie nun einen Namen ein, an dem Sie diesen Bericht jederzeit wiedererkennen können, und klicken Sie auf die Schaltfläche OK . Damit wird der Bericht abgespeichert.

3 Um einen der gespeicherten Berichte wieder aufzurufen, klikken Sie in der Navigationsleiste auf das Symbol Berichte . Auf der linken Seite des Money-Fensters sehen Sie unterhalb der Bezeichnung „Berichte und Diagramme“ den Eintrag Bevorzugte Berichte . Klicken Sie mit der Maus einmal darauf, damit Ihnen eine Liste aller selbst erstellten Berichte und Diagramme präsentiert wird. Sie finden sie in der Mitte des Programmfensters:

4 Klicken Sie den gewünschten Bericht doppelt an, damit er wieder auf Ihrem Money-Bildschirm erscheint.

5 Zum Abschluß müssen Sie den Urzustand der Money-Berichte wiederherstellen. Klicken Sie hierzu auf der linken Seite des Programmfensters auf die Berichts-Kategorie, aus der der ursprüngliche Bericht stammte. Einen angepaßten Bericht erkennen Sie an einem speziellen Symbol, das dem Berichtsnamen vorangestellt ist:

6 Danach klicken Sie auf die Schaltfläche Zurücksetzen. Money meldet nun, daß Sie damit die Standardeinstellungen wiederherstellen. Bestätigen Sie das Meldungsfenster, indem Sie auf Ja klicken. Daraufhin verschwindet das kleine Symbol vor dem Namen des Berichts, und Sie können den nächsten, selbst angepaßten Bericht erstellen und abspeichern.

Buchungen im Bericht ändern

Berichte sind das A und O eines Finanzmanagement-Programms vom Schlage Moneys. Wenn Sie einen Bericht erstellt haben, werden Ihnen jedoch oftmals Ungereimtheiten bei der Buchung, Tippfehler oder sonstige Mängel auffallen. Der Vorteil von Money: Sie können die Buchungen auch im Bericht anpassen.

1 Bewegen Sie den Mauszeiger über die Buchung, an der Sie etwas ändern wollen. Sobald sich der Mauszeiger über einer Buchung befindet, wird aus dem Mauspfeil ein Lupensymbol.

2 Klicken Sie doppelt auf die gewünschte Buchung. Sofern Sie diese Buchung bereits abgestimmt hatten, warnt Money davor, diese Buchung zu verändern, da die Kontoabstimmung sonst nicht mehr korrekt wäre. Bestätigen Sie dieses Feld mit OK, falls es angezeigt wird. Anschließend erscheint das Dialogfenster „Buchung bearbeiten".

3 Jetzt können Sie die Buchungsdaten, wie Empfänger, Kategorien oder Verwendungszweck, anpassen. Klicken Sie auf OK, um die Änderungen zu bestätigen.

6 Kapitalanlagen

Nicht zuletzt seit die Deutsche Telekom an die Börse gegangen ist, hat sich in Deutschland eine eigenständige Aktienkultur entwickelt. Dies wird auch an der teilweise 50- bis 100fachen Überzeichnung von Unternehmen deutlich, die neu an die Börse gekommen sind und auf die ein Run eingesetzt hat, den es in dieser Form früher nicht gab.

Wer nur wenige Aktien besitzt, wird die dafür vorgesehene Funktion von Money 98 kaum nutzen wollen. Wenn Sie aber Aktien zur Altersvorsorge einsetzen und über Anteilscheine verschiedener Aktiengesellschaften verfügen, werden Sie mit Sicherheit gerne auf die Kapitalanlageverwaltung von Money 98 zurückgreifen

Das Programm kann jederzeit auf Heller und Pfennig ermitteln, wieviel Ihr Depot wert ist. Dabei berücksichtigt Money auch die Kosten, die für das Depot oder für den Kauf der Kapitalanlagen angefallen sind. Wenn Sie sich die Mühe machen, täglich die einzelnen **Kurse** der Depotwerte zu aktualisieren, sind Sie in der Lage, den Verlauf der Papiere in Kurvendiagrammen zu verfolgen. Auf diese Weise können Sie schnell reagieren, indem Sie beispielsweise einen Verlust begrenzen und schnell verkaufen oder einfach Gewinne „mitnehmen". Sofern Sie T-Online-Teilnehmer sind, lassen sich die aktuellen Kurse sogar automatisch einlesen und im Portfolio aktualisieren.

Im einzelnen lesen Sie in diesem Kapitel,

- wie Sie ein Kapitalanlagekonto eröffnen,
- wie Sie Ihre Wertpapiere verwalten,
- und wie Sie die Kurse auf dem aktuellen Stand halten und den Depotwert ermitteln.

Kapitel-Wegweiser

Kapitalanlagekonto einrichten 80
Wertpapiere in Money verwalten 81
Neue Kurse eingeben oder laden 82
Depotwert ermitteln 84

Kapitalanlagekonto einrichten

Money kann Aktien, Rentenwerte, Sparbriefe, Termingelder und Investmentfonds (Aktien-, Renten- oder gemischte Fonds) als Kapitalanlagen verwalten. Sie werden in einem speziellen Money-Konto gespeichert, das als „Kapitalanlagekonto" bezeichnet wird.

Die Kapitalanlagen, die Sie in einem einzigen Depot zusammengefaßt haben, sollten Sie in Money jeweils in einem Extrakonto verwalten. Wenn Sie also ein Depot mit fünf verschiedenen Aktienpaketen bei der Deutschen Bank besitzen und ein weiteres mit zwei Aktienpaketen sowie einem Investmentfond bei ConSors **Discount-Broker**, benötigen Sie zwei Kapitalanlagekonten.

1 Um diese Konten einzurichten, klicken Sie in der Navigationsleiste auf Kapitalanlagen . Auf der folgenden Übersichtsseite werden alle Kapitalanlagen verwaltet, die Sie angelegt haben. Wenn Sie ein neues Kapitalanlagekonto erstellen möchten, beispielsweise für die Aktien im Depot der Deutschen Bank, klicken Sie auf Neu... .

2 Markieren Sie das Optionsfeld ⊙ Ein neues Kapitalanlagekonto , und geben Sie diesem Konto im nächsten Fenster einen Namen. Sinnvollerweise sollten Sie hier den Namen des Kreditinstitutes eintippen, bei dem das Depot geführt wird.

3 Ein Assistent leitet Sie nun schrittweise durch die Erstellung des Kapitalanlagekontos. Sehr wichtig ist die Frage, ob zu dem gerade angelegten Anlagekonto ein Verrechnungskonto existiert. Das dient beispielsweise der Gutschrift von Zinserträgen oder Dividenden. Darüber hinaus wird es mit den laufenden Kosten des Depots, wie Grundgebühr und **Maklercourtage**, belastet.

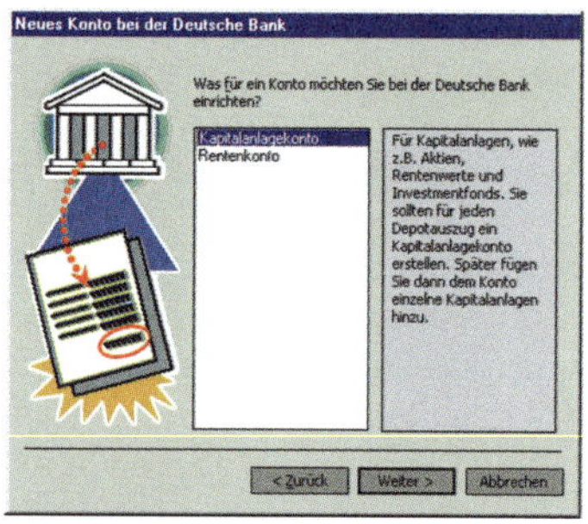

In der Regel gehört zu einem Depot auch ein Verrechnungskonto. Dann klicken Sie auf ⊙ Ja . Wenn allerdings die gesamten Kosten für den Anlagenkauf sowie die entsprechenden Gebühren von einem Giro- oder Geschäftskonto bezahlt werden, das Sie bereits in Money angelegt haben, klicken Sie auf ○ Nein und wählen dieses Konto später als dazugehöriges Verrechnungskonto aus.

4 Nachdem Sie den Kontostand des Verrechnungskontos angegeben haben, genügt ein Klick auf [Fertig stellen], um die Anlage des Kapitalanlagekontos abzuschließen.

5 Genauso verfahren Sie, um auch andere Anlagekonten einzurichten, mit denen Depots verwaltet werden sollen.

Wertpapiere in Money verwalten

Nun können Sie mit der Eingabe der einzelnen Anlagen des jeweiligen **Depots** beginnen:

1 Markieren Sie das gewünschte Kapitalanlagekonto, und klicken Sie auf [Gehe zu].

2 Wenn Sie jetzt auf [Neu] klicken, können Sie Detailangaben zum Aktienkauf machen. Nach dem Kaufdatum wird der Name der Kapitalanlage abgefragt. Geben Sie eine eindeutige Bezeichnung ein, zum Beispiel „Siemens".

3 Sobald Sie das nächste Eingabefeld ansteuern, erscheint ein weiteres Dialogfenster. Klicken Sie auf eine der Optionen, und wählen Sie damit den Typ der Anlage aus.

Wenn Sie beispielsweise 50 Siemens-Aktien gekauft haben, markieren Sie [Aktie].

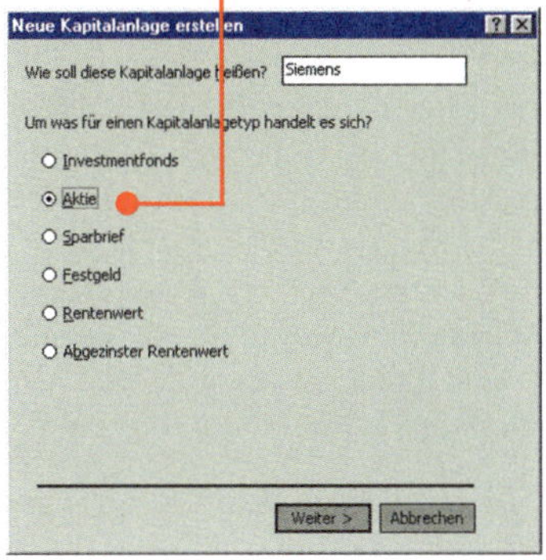

4 Tragen Sie anschließend die **Wertpapierkennummer** (WKN) ein, damit Money die Börsenkurse automatisch per T-Online aktualisieren kann. Diese Nummer ist sechsstellig und lautet zum Beispiel für Siemens 723600.

5 Im Listenfeld Aktivität: markieren Sie, um welche Aktion es sich handelt. Falls Sie Aktien gekauft haben, markieren Sie also „Kauf".

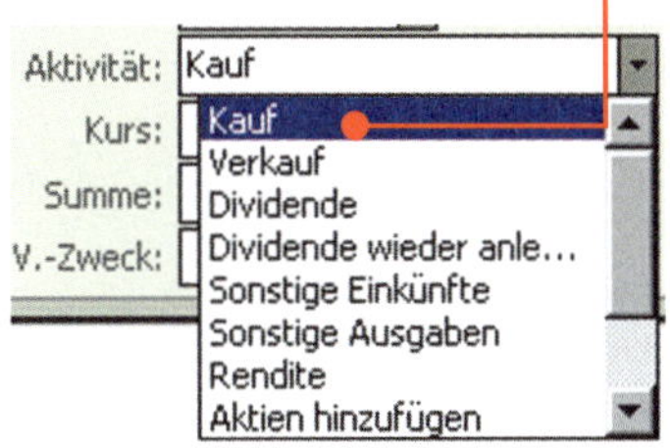

Je nach ausgewählter Aktivität ändert sich nun die Registerkarte. Wenn Sie „Kauf" markiert haben, können Sie die Anzahl der erworbenen Aktien eintippen. Die Anzahl wird mit dem Kurswert multipliziert, den Sie in das Feld Kurs: eingeben müssen. Das Ergebnis wird dann im Feld Summe: dargestellt. Zwischen dieser Summe und dem tatsächlich auf Ihrem Verrechnungskonto belasteten Betrag wird aber immer eine Differenz bestehen. Sie entsteht durch Gebühren, die Ihnen das ausführende Kreditinstitut in Rechnung stellt.

6 Diese Gebühren, die auf der Kaufurkunde ausgewiesen werden, tragen Sie in das entsprechende Eingabefeld ein.

Die Summe sollte nun mit dem Betrag übereinstimmen, mit dem das Verrechnungskonto belastet wird, das Sie im Feld Umbuchung von: auswählen können.

7 Anschließend tippen Sie in das Feld V.-Zweck: Einzelheiten zu einer Buchung ein. Diese Informationen dienen lediglich Ihrer Information. Die Art und Weise, wie die Buchung gespeichert wird, bleibt davon unberührt.

8 Sobald Sie die Buchung abgeschlossen haben, wird der Gesamtbetrag automatisch auf dem Gegenkonto verrechnet. Wenn Sie also Aktien gekauft haben, wird das Verrechnungskonto mit diesem Betrag belastet. Haben Sie demgegenüber Aktien verkauft, wird der Betrag dem Verrechnungskonto gutgeschrieben.

Neue Kurse eingeben oder laden

So richtig spannend wird die Beobachtung des eigenen Aktiendepots, wenn Sie in Money regelmäßig die aktuellen Kurse speichern. Am preisgünstigsten verfahren Sie, wenn Sie hierzu Ihre Tageszeitung bemühen. In regionalen Tageszeitungen beschränken sich die Kurszettel jedoch meist auf wenige Titel, und Investmentfonds findet man häufig überhaupt nicht. Nur Leser großer Zeitungen wie der FAZ, Welt oder Handelsblatt kommen in den Genuß des ganzen Börsenzettels.

Gegebenenfalls müssen Sie die Kurse dann bei Ihrem Kreditinstitut erfragen, oder Sie wählen einen Telefon- beziehungsweise Online-Dienst an.

1 Sie können aber auch über Money die aktuellen Börsenkurse per Internet einlesen und dann vom Programm automatisch aktualisieren lassen. Um mit Money die aktuellen Börsenkurse zu erfragen, klicken Sie im Fenster „Kapitalanlagekonto“ auf die Schaltfläche Online-Börsenkurse... .

Wer es ganz eilig hat, kann die Kurse auch telefonisch erfragen: Unter 0190/361362 meldet sich der Computer des ConSors Realtime-Phones.

2 Um Money mit den jüngsten Kursinformationen zu versorgen, stellen Sie die jeweilige Kapitalan-

lage dar und klicken auf die Schaltfläche Neuer Kurs... . Tippen Sie den Kurs ein, und klicken Sie auf „Aktualisieren“.

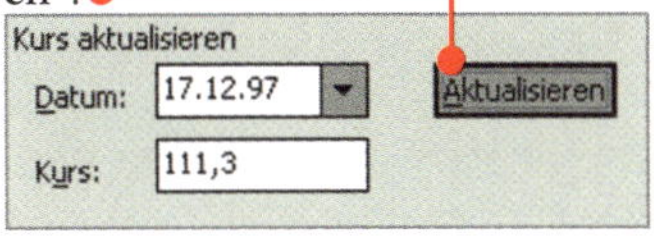

3 Wenn Sie mehrere Aktienpakete verwalten, können Sie in demselben Dialogfenster auch die Kurse der anderen Aktien speichern. Markieren Sie hierzu den jeweiligen Namen im Listenfeld Kapitalanlage: .

4 Falls Sie eine Aktie über einen längeren Zeitraum mit Money verwalten, läßt sich der Kursverlauf sehr schön verfolgen. Markieren Sie die gewünschte Kapitalanlage, und drücken Sie die rechte Maustaste. Wählen Sie im Kontextmenü den Befehl Gehe zum Anlageverlauf .

> **! Gebühren reduzieren**
>
> Damit die Telefongebühren (12 Pfennig je angefangene 6 Sekunden) nicht zu üppig ausfallen, sollten Sie über ein tonwahlfähiges Telefon oder über einen kleinen Handsender verfügen. Durch Drücken der Raute (#) übergehen Sie die Standardansage, und durch anschließendes (schnelles!) Eintippen der Wertpapierkennummer (WKN) erfahren Sie die aktuellen Kurse. Diese müssen Sie dann selbst in Money eingeben.

Daraufhin wird ein Verlaufsdiagramm angezeigt, das die Entwicklung des Wertpapiers darstellt, sowie zahlreiche andere Informationen, die im Zusammenhang mit diesem Wertpapier von Interesse sein könnten.

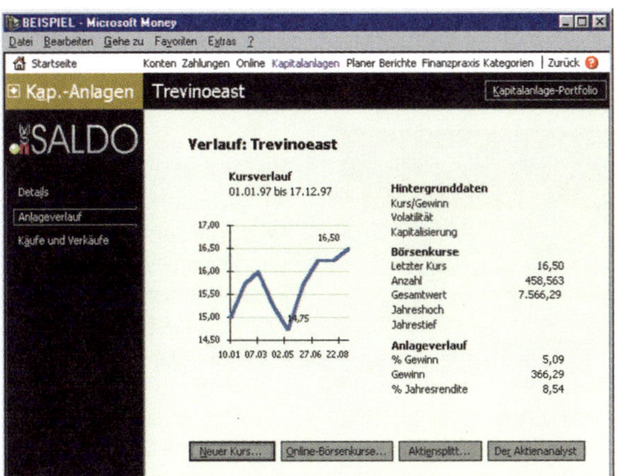

Depotwert ermitteln

Wenn Sie wie bisher beschrieben vorgegangen sind, haben Sie für jedes Kreditinstitut ein eigenes Depot angelegt. Dadurch sehen Sie auf Anhieb, welchen Wert es aktuell aufweist. Der Gesamtwert der einzelnen Depots wird am unteren Rand des Fenster „Kapitalanlagekonto“ dargestellt.

1 Bis jetzt konnten Sie aber noch nicht ermitteln, ob Sie tatsächlich „Gute“ oder „Miese“ gemacht haben. Money stellt dafür sogenannte „Berichte“ zur Verfügung, die Sie über die Navigationsleiste durch Anklicken des Symbols Berichte aktivieren können.

2 Klicken Sie links auf die Schaltfläche Kapitalanlagen, und markieren Sie in der Mitte des Programmfensters beispielsweise den Berichtsnamen „Portfoliowert nach Kapitalanlagekonto“:

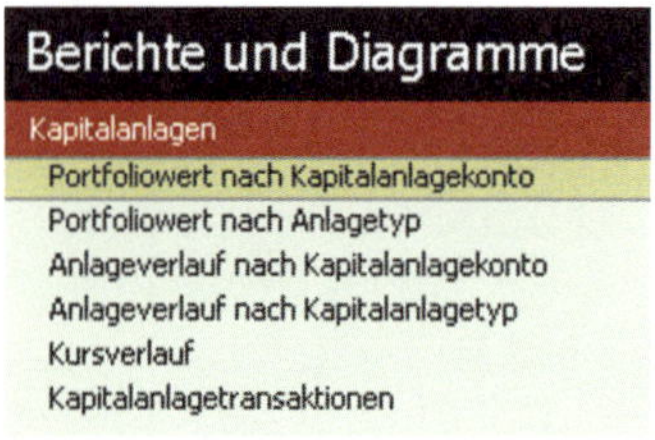

3 Jetzt wird im unteren Fensterbereich eine Kurzinformation zu dem von Ihnen ausgewählten Bericht dargestellt. Über die Schaltfläche Gehe zu Bericht/Diagramm erreichen Sie den vollständigen Text.

4 In der Spalte „Kostenbasis“ sehen Sie den Wert, den Sie tatsächlich für Ihre Kapitalanlagen ausgegeben haben. Er setzt sich zusammen aus dem Kaufpreis, der Maklercourtage sowie den Provisionen.

In der Spalte „Nicht realisierter Gewinn/Verlust“ wird zu jeder Kapitalanlage die Entwicklung auf Heller und Pfennig angezeigt. Ein Minus-Zeichen weist darauf hin, daß die Anlage an Wert verloren hat, kein Vorzeichen bedeutet dagegen, daß Sie Ihr Geld gut angelegt haben.

Die Spalte „Wert“ gibt schließlich den Wert der einzelnen Kapitalanlagen sowie – unter dem Strich – des gesamten Portfolios an:

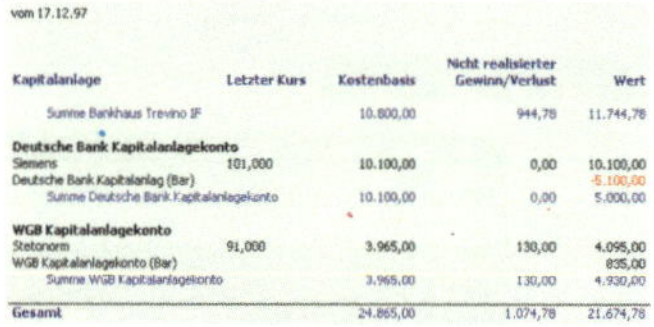
vom 17.12.97

Kapitalanlage	Letzter Kurs	Kostenbasis	Nicht realisierter Gewinn/Verlust	Wert
Summe Bankhaus Trevino IF		10.800,00	944,78	11.744,78
Deutsche Bank Kapitalanlagekonto				
Siemens	101,000	10.100,00	0,00	10.100,00
Deutsche Bank Kapitalanlag (Bar)				-5.100,00
Summe Deutsche Bank Kapitalanlagekonto		10.100,00	0,00	5.000,00
WGB Kapitalanlagekonto				
Stetonorm	91,000	3.965,00	130,00	4.095,00
WGB Kapitalanlagekonto (Bar)				835,00
Summe WGB Kapitalanlagekonto		3.965,00	130,00	4.930,00
Gesamt		24.865,00	1.074,78	21.674,78

5 Wenn Sie den Mauszeiger über die einzelnen Zeilen des Berichts bewegen, verwandelt er sich in ein Lupensymbol. Durch doppeltes Anklicken einer Zeile erhalten Sie genauere Informationen zu allen Buchungen, die in der Gesamtsumme aufgegangen sind.

Auf diese Weise können Sie sich per Maus bis in das letzte Buchungsdetail „hineinklicken“.

7 Assistenten und Strategen

Die aus Money 96 bekannten Assistenten wurden in Money 98 weiterentwickelt und heißen jetzt Strategen. Aufgrund der zusätzlichen Informationen, die sie liefern, wird es Ihnen noch leichter gemacht, gezielt Entscheidungen zu treffen. Der Kreditstratege steht Ihnen hierbei nicht nur zur Berechnung des günstigeren Kredits zur Verfügung. Sie können einen Kredit auch sofort in Money 98 übernehmen und zukünftige Zahlungen von Zins und Tilgung für Ihr Konto berücksichtigen.

Der Gehaltsstratege hilft Ihnen, Änderungen des Bruttogehalts in bezug auf Ihr Nettogehalt zu bewerten. Umgekehrt können Sie sich aber auch ausrechnen lassen, welches Bruttogehalt Sie benötigen, um eine bestimmte Nettosumme zu erhalten.

Wenn Sie die Strategen mit allen wichtigen Daten „füttern", erfahren Sie in der Analyse, zu welchem Ergebnis Ihr „persönlicher Berater" kommt.

Im einzelnen lernen Sie in diesem Kapitel,

- wie Sie Kredite mit dem Kreditstrategen vergleichen,
- wie Sie Kredite in Money 98 eintragen,
- wie Sie mit dem Gehaltsstrategen Ihr Nettogehalt nach einer Gehaltsänderung berechnen,
- wie Sie mit dem Eigenheimstrategen zwischen Kauf und Miete abwägen,
- wie Sie mit dem Rentenstrategen Ihre zukünftige Rente berechnen,
- und wie Sie das Jahr mit Money gut zu Ende bringen.

Kapitel-Wegweiser

Den Kreditstrategen nutzen 86
Den Gehaltsstrategen nutzen 92
Der Eigenheimstratege 96
Der Abschreibungsstratege 98
Der Rentenstratege 99
DATEV-Export 102
Am Jahresende: Buchungen archivieren 103

Den Kreditstrategen nutzen

Dank des Kreditstrategen können Sie zwei Kredite miteinander vergleichen und auf diese Weise genau feststellen, welches Angebot für Sie günstiger ist.

1 Klicken Sie mit der linken Maustaste in der Menüleiste auf den Eintrag Finanzpraxis

2 Wählen Sie aus dem Inhaltsverzeichnis des Bereichs „Finanzpraxis" per Mausklick den Kreditstrategen.

3 In der Einführung erhalten Sie einige allgemeine Auskünfte über den Kreditstrategen. Klicken Sie mit der linken Maustaste auf

um mit der Eingabe der Informationen zu beginnen.

4 Um mit Money 98 zwei Kredite oder Kreditangebote miteinander vergleichen zu können, müssen Sie alle Daten sowohl in der Spalte **Kredit A** als auch in der Spalte **Kredit B** eingeben. Tippen Sie zunächst den Kaufpreis ein.

5 Legen Sie als nächstes fest, welche Anzahlung Sie für den eingegebenen Kaufpreis tätigen möchten.

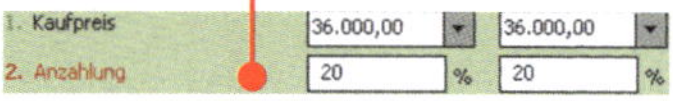

6 Für die meisten Kredite fallen Grundgebühren in Höhe von 2 bis 6 Prozent an. Money 98 berücksichtigt zunächst eine Bearbeitungsgebühr von 5 Prozent. Sollte diese nicht anfallen, können Sie den Wert einfach löschen.

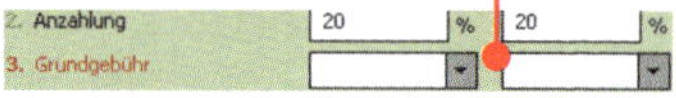

7 Falls es sich bei der Berechnung um eine Hypothek handeln sollte, können Sie nun den Disagio eingeben. Wenn nicht, nehmen Sie keine Änderungen vor.

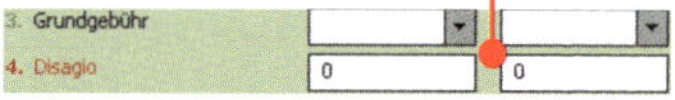

8 Sofern weitere Bearbeitungsgebühren anfallen, können Sie diese in das letzte Feld auf dieser Seite eintragen.

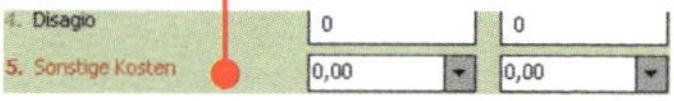

9 Anschließend klicken Sie mit der linken Maustaste auf

um mit der Eingabe der Kreditkonditionen fortzufahren.

10 Bestimmen Sie als nächstes, was Money 98 für Sie berechnen soll. Standardmäßig berechnet Money „Zins + Tilgung“. Klicken Sie auf den Abwärtspfeil neben dem Feld

und klicken Sie in der Liste auf den gewünschten Eintrag.

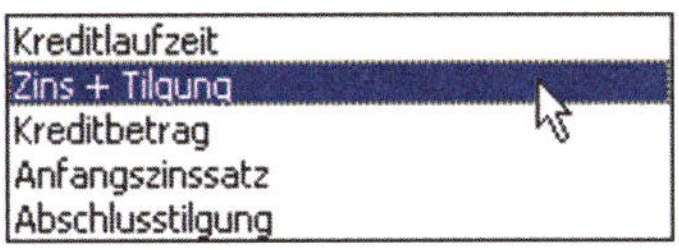

> **! Berechnungsgrundlage**
>
> Je nachdem, was der Kreditstratege für Sie berechnen soll, müssen Sie verschiedene Felder ausfüllen. Im folgenden wird lediglich auf die Berechnung von „Zins + Tilgung“ eingegangen.

11 Nun tippen Sie ein, in welchem Abstand Sie Tilgungszahlungen für den Kredit leisten möchten. Klicken Sie auf den Abwärtspfeil neben dem Feld

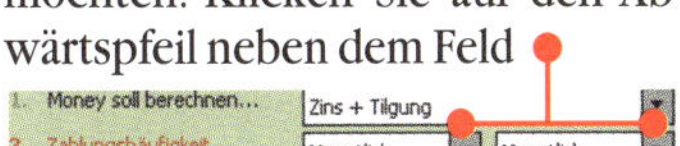

und in der Liste auf das gewünschte Zahlungsintervall.

12 Danach legen Sie fest, über welchen Zeitraum Sie den Kredit zurückzahlen wollen. Geben Sie in das erste Feld den gewünschten Wert ein und in das zweite Feld, ob sich die Ziffer auf Monate oder Jahre bezieht.

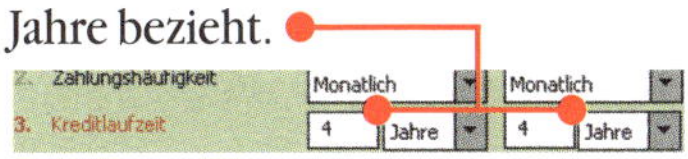

13 Der berechnete Wert von Zins + Tilgung, angezeigt in der vierten Zeile, wird nach Änderungen stets neu berechnet:

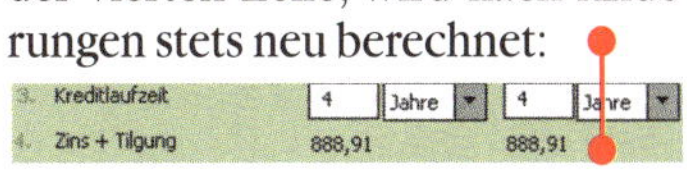

14 Wenn Sie den Kreditbetrag ändern möchten, tragen Sie einfach die neuen Bedingungen ein.

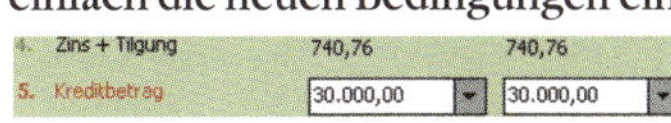

15 Den Zinssatz des Kredits geben Sie in das Feld „Anfangszinssatz“ ein.

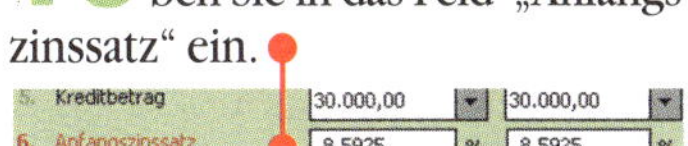

! Fester Zinssatz I

Lassen Sie sich von der Bezeichnung „Anfangszinssatz" nicht verwirren. Sofern Sie keinen variablen Zinssatz berechnen möchten, ist der Anfangszinssatz zugleich auch der Endzinssatz.

16 Wenn Sie für den Kredit eine Abschlußtilgung vereinbart haben, tippen Sie diese in das Feld „Abschlußtilgung" ein.

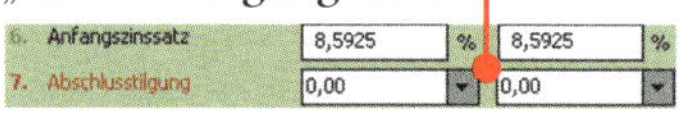

! Fester Zinssatz II

Falls Sie den Kredit mit einem festen Zinssatz berechnen, können Sie die Schritte 17 bis 22 überspringen.

17 Sofern Sie mit einem variablen Zinssatz rechnen, wechseln Sie per Mausklick auf den gleichnamigen Begriff in das nächste Fenster.

18 Zunächst müssen Sie im ersten Feld den festen Zinssatz durch einen variablen Zinssatz ersetzen. Klicken Sie hierzu mit der linken Maustaste auf den Abwärtspfeil neben dem Feld

und in der Liste auf den Eintrag

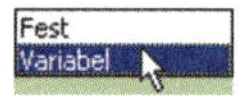

19 Legen Sie nun fest, wann der Anfangszinssatz das erst Mal angehoben wird.

Tragen Sie in das erste Feld den Wert ein, im zweiten Feld wählen Sie als Zeitraum „Monate", „Jahre" oder „Zahlungen".

20 Danach bestimmen Sie, in welchem Abstand die weiteren Zinserhöhungen vorgenommen werden. Geben Sie auch hier in das erste Feld den Wert ein, und wählen Sie im zweiten Feld als Zeitraum „Monate", „Jahre" oder „Zahlungen".

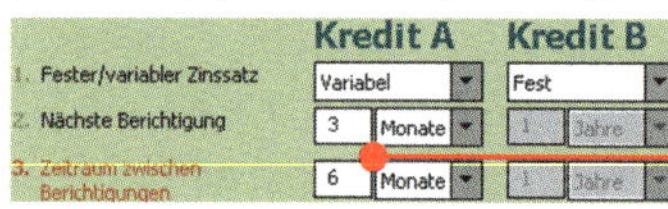

21 Im nächsten Feld ergänzen Sie den Höchstsatz des Kredits.

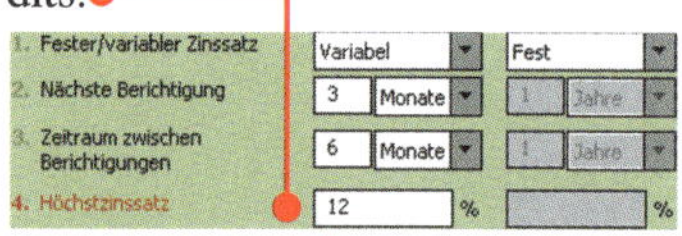

22 Die erwartete Zinssteigerung pro Jahr gehört in das letzte Feld auf dieser Seite.

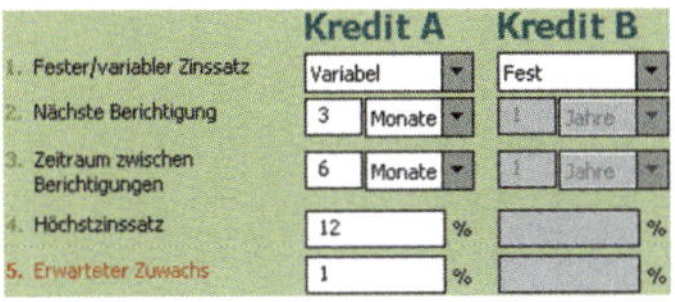

23 Damit Sie nun unterschiedliche Kredite miteinander vergleichen können, klicken Sie mit der linken Maustaste auf

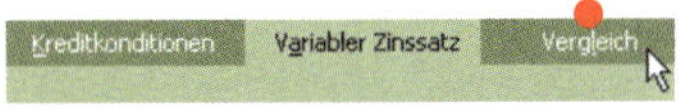

24 Auf der letzten Seite sind die Ergebnisse Ihrer Eingaben zusammengefaßt.

	Kredit A	Kredit B
1. Wie lang soll dieser Kredit laufen?	Jahre	
2. Vorabkosten	0,00	0,00
3. Kreditbetrag	30.000,00	30.000,00
4. Gesamte Zinszahlungen	6.176,99	5.655,38
5. Zins- und Tilgungszahlungen		
heute:	690,88	740,76
in 3 Jahren:	769,29	740,76
in 5 Jahren:		
in 10 Jahren:		
6. Break-Even-Punkt: 0 Jahre		

Wenn Sie nun mit der linken Maustaste auf

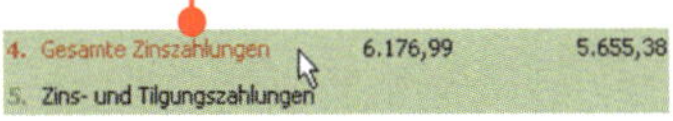

klicken, wird in der rechten Spalte des Fensters der Differenzbetrag der beiden Kredite angezeigt.

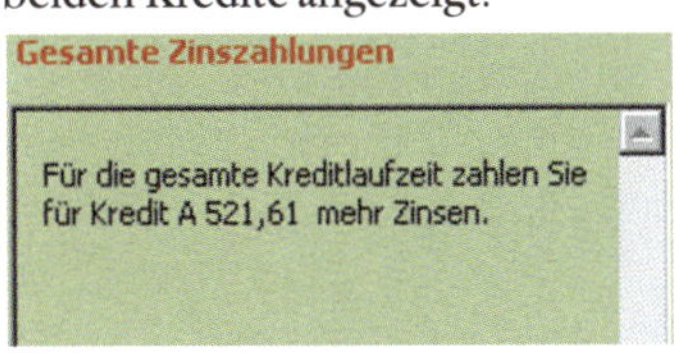

25 Sofern Sie einen der beiden Kredite direkt in Money 98 eintragen möchten, klicken Sie mit der linken Maustaste auf die Schaltfläche [Kredit erstellen].

26 Markieren Sie den gewünschten Kredit, und klicken Sie auf die Schaltfläche [Weiter >].

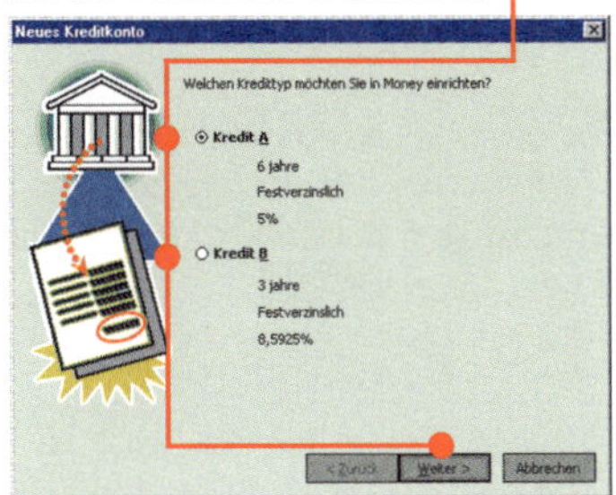

27 Bestätigen Sie das nächste Fenster einfach mit [Weiter >]. Anschließend legen Sie fest, ob Sie Geld leihen oder verleihen wollen

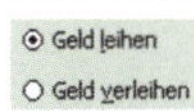

und bestätigen Ihre Wahl mit [Weiter >].

28 Geben Sie einen Namen für den Kredit ein

und wählen Sie den Empfänger der Zahlungen. Klicken Sie auf den nebenstehenden Abwärtspfeil

und markieren Sie den Empfänger in der Liste ebenfalls per Mausklick.

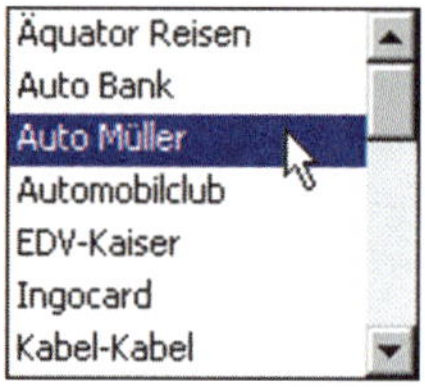

Mit Weiter > gelangen Sie in das nächste Dialogfenster.

29 Bestimmen Sie nochmals, ob es sich um einen variabel verzinslichen oder festverzinslichen Kredit handelt, und klicken Sie auf Weiter >.

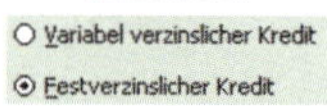

30 Wenn Sie den Kredit noch nicht aufgenommen haben, markieren Sie die Option

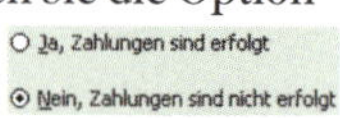

und klicken auf Weiter >.

31 Tippen Sie nun das Datum für die erste Zahlung ein. Zunächst wird das aktuelle Datum vorgegeben.

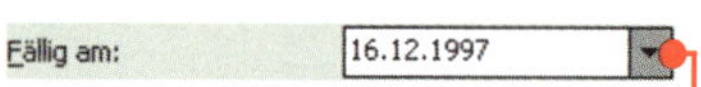

Mit einem Klick auf den Abwärtspfeil können Sie das Datum aus dem Kalender übernehmen.

Bestätigen Sie Ihre Eingabe mit Weiter >, und klicken Sie ein weiteres Mal auf Weiter >, um mit der Berechnung des Kredits fortzufahren.

32 In den folgenden Fenstern sind die Daten aus dem Kreditstrategen bereits vorgegeben. Wenn Sie diese Daten übernehmen möchten, bestätigen Sie die nächsten sieben Dialogfenster einfach mit Weiter >.

In der Übersicht werden alle eingegebenen Daten noch einmal aufgeführt.

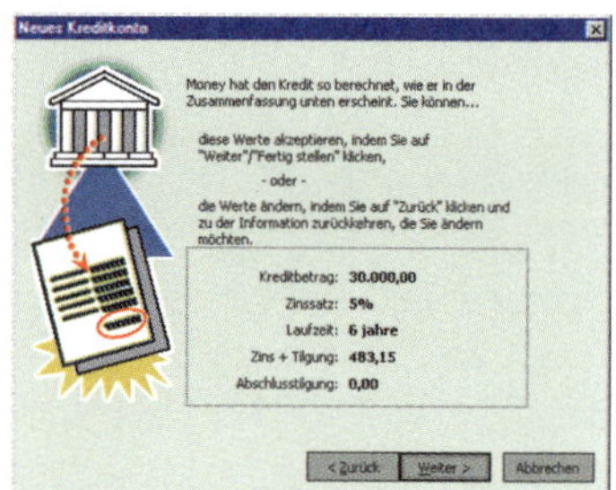

33 Danach klicken Sie zweimal auf die Schaltfläche Weiter > und wählen die Kategorie und Unterkategorie für die Zinszahlungen. Klicken Sie hierzu in das Feld, und tragen Sie die gewünschte Zinskategorie ein.

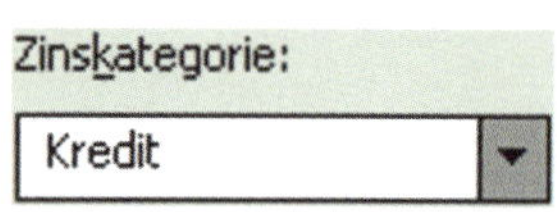

Sofern es sich bei Ihrer Eingabe um eine neue Kategorie handelt, müssen

Sie im Dialogfenster Neue Kategorie wählen, welcher Kategorietyp zugrunde gelegt werden soll.

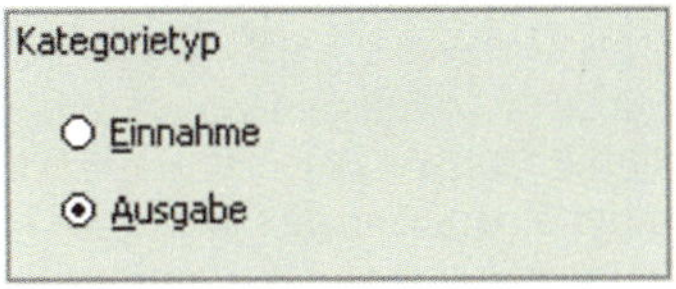

Markieren Sie die gewünschte Option, und klicken Sie auf Weiter >.

34 Weisen Sie die neue Kategorie einer der vordefinierten Gruppen zu. Bei einem Autofinanzierungskredit beispielsweise wäre dies die Gruppe

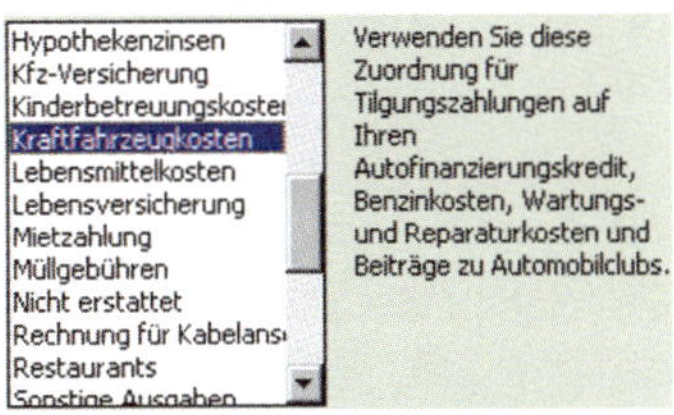

Bestätigen Sie die Eingaben zur neuen Kategorie mit Fertig stellen.

35 Jetzt geht es um die Eingabe der Zinsunterkategorie. Tippen Sie den gewünschten Namen in das Feld

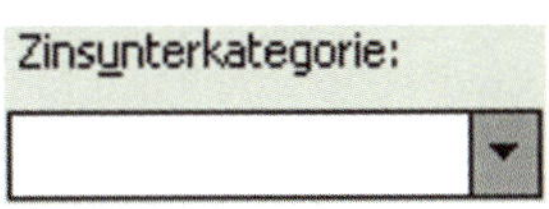

ein.

Handelt es sich um eine neue Unterkategorie, müssen Sie diese erneut bestätigen.

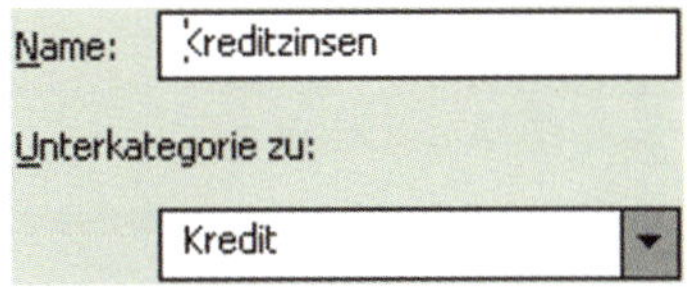

Halten Sie sich dabei an die Anleitung von Schritt 34, und fahren Sie mit Weiter > fort.

36 Legen Sie im nächsten Schritt fest, ob es sich um eine Hypothek handelt, markieren Sie gegebenenfalls das Optionsfeld, und klicken Sie auf die Schaltfläche Weiter >.

37 Falls Sie die Kreditzinsen steuerlich geltend machen können, wählen Sie nun „Ja“ und gelangen mit Weiter > zum nächsten Fenster.

38 Wenn Sie die Vorgaben für „Sonstige Kosten“ aus dem Kreditstrategen übernehmen wollen, klicken Sie erneut auf Weiter >.

39 Damit Sie keine Zahlungen übersehen und vergessen und somit im ungünstigsten Fall der Kredit aufgelöst wird, vermerken Sie die Zahlungstermine. Füllen Sie die Felder

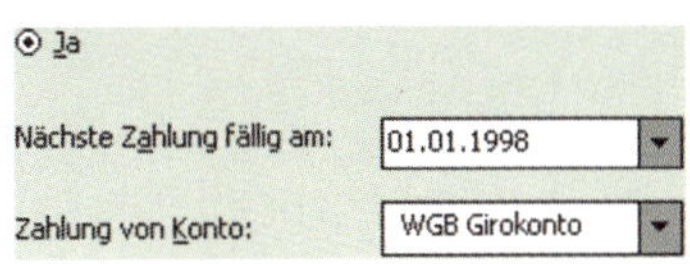

aus, und klicken Sie auf die Schaltfläche Weiter >.

40 In der Zusammenfassung können Sie noch einmal sämtliche Angaben überprüfen.

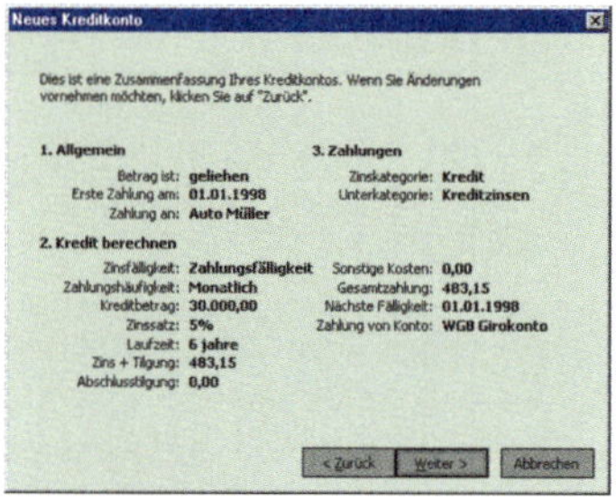

Stimmen alle Angaben, fahren Sie mit [Weiter >] fort.

! Fehler korrigieren

Sollten Sie einen Fehler entdecken, springen Sie mit [< Zurück] schrittweise bis zu der fehlerhaften Eingabe zurück und nehmen dort die nötige Korrektur vor. Danach müssen Sie mit [Weiter >] wieder alle Fenster bestätigen, bis Sie erneut zur Zusammenfassung gelangen.

41 Sofern Sie über ein Anlagekonto für den Kredit verfügen, können Sie den Kredit diesem zuordnen. Ansonsten wählen Sie „Nein“ und tragen den Kredit mit [Fertig stellen] in den Konto-Manager ein.

Den Gehaltsstrategen nutzen

Mit dem Gehaltsstrategen können Sie bereits vor der ersten Abrechnung feststellen, wie sich eine Gehaltserhöhung oder -kürzung auf Ihr Nettoeinkommen auswirkt. Außerdem ist es möglich, vom gewünschten Nettoeinkommen aus das Bruttoeinkommen zu berechnen. So gehen Sie gut vorbereitet in die nächste Lohnverhandlung.

1 Klicken Sie mit der linken Maustaste in der Menüleiste auf den Eintrag Finanzpraxis.

2 Wählen Sie aus dem Inhaltsverzeichnis des Bereichs „Finanzpraxis“ per Mausklick den Gehaltsstrategen.

3 Wenn Sie bereits entsprechende Daten eingegeben haben, können Sie die Basisdaten in den Gehaltsstrategen übernehmen. Klicken Sie hierzu mit der linken Maustaste auf die Schaltfläche [Jetzt kopieren].

4 Bestimmen Sie den Zeitraum, für den Sie die Berechnung durchführen möchten.

5 Wechseln Sie mit einem Klick auf „Basisdaten“ in das nächste Fenster.

6 Geben Sie nun die Basisdaten ein. Vermerken Sie zunächst Ihren Familienstand.

7 Tragen Sie in das zweite Feld gemäß Ihrer Lohnsteuerkarte Ihre Steuerklasse ein.

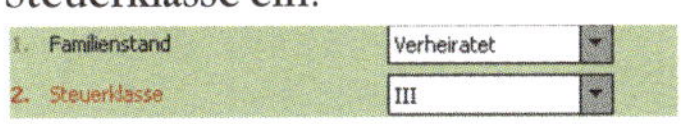

8 In das dritte Feld gehören die auf Ihrer Lohnsteuerkarte eingetragenen Kinderfreibeträge.

9 Tippen Sie im vierten Feld das Bundesland ein, in dem Sie Ihren ersten Wohnsitz haben. Je nach Bundesland werden unterschiedliche Werte für die Berechnung der Kirchensteuer und der Pflegeversicherung zugrunde gelegt.

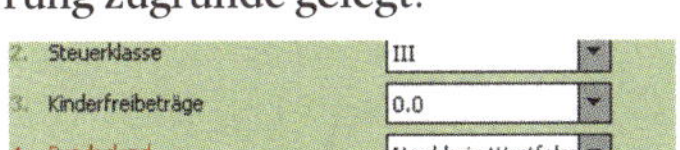

10 Falls Sie Kindergeld erhalten, tragen Sie dieses in das fünfte Feld ein.

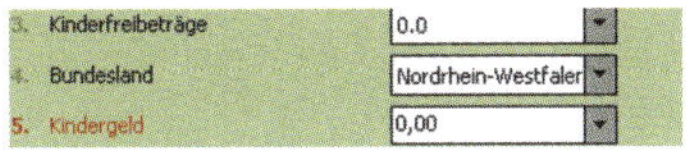

11 Wenn Sie kirchensteuerpflichtig sind, markieren Sie das Kontrollkästchen in der sechsten Zeile per Mausklick.

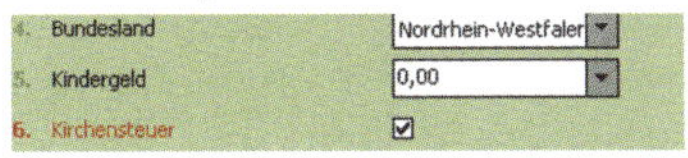

12 Wählen Sie im siebten Feld die Steuertabelle, nach der Sie veranlagt werden.

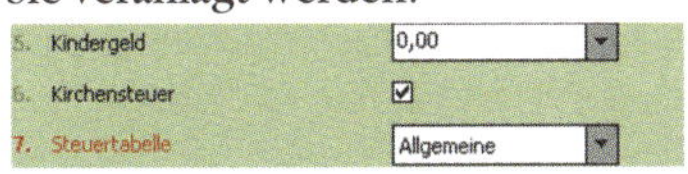

13 Haben Sie bereits Freibeträge auf Ihrer Lohnsteuerkarte eintragen lassen oder können Sie diese noch eintragen lassen? Wenn dies der Fall sein sollte, geben Sie den entsprechenden Wert in das achte Feld ein.

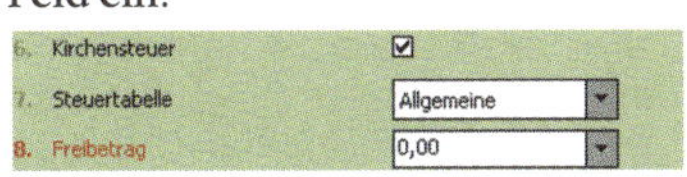

14 In der letzten Zeile schließlich legen Sie fest, ab welchem Monat der Freibetrag geltend gemacht werden kann.

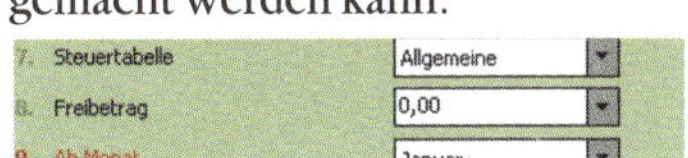

15 Mit einem Klick auf „Versicherung“ gelangen Sie in das nächste Eingabefenster.

16 Geben Sie zunächst an, ob Sie gesetzlich oder freiwillig beziehungsweise privat versichert sind. Als Mitglied in einer gesetzlichen Krankenversicherung tippen Sie den Beitragssatz Ihrer Krankenversicherung ein.

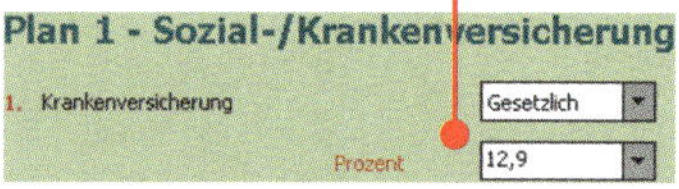

Wenn Sie hingegen privat versichert sind, geben Sie in der ersten Spalte den Arbeitgeberzuschuß ein, den Sie eventuell erhalten, und in der zweiten Spalte den Beitrag für die Krankenversicherung.

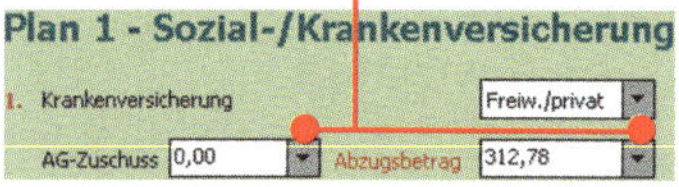

17 Vermerken Sie in der nächsten Zeile, in welcher Pflegeversicherung Sie Mitglied sind.

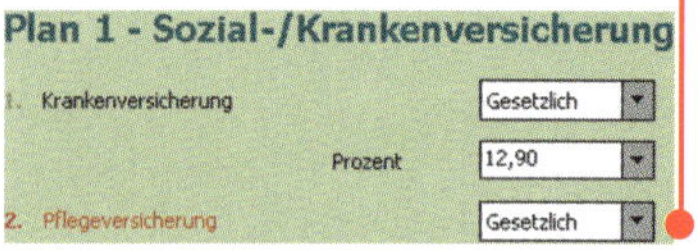

Falls Sie eine private Pflegeversicherung abgeschlossen haben, wählen Sie „Freiw./privat“ und geben auch hier Arbeitgeberzuschuß und Beitrag ein.

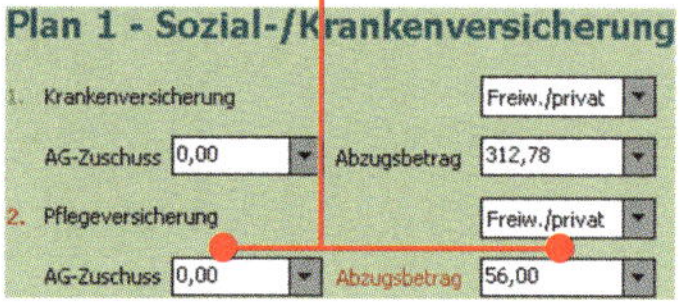

18 Danach geben Sie an, ob Sie einer rentenversicherungspflichtigen Beschäftigung nachgehen.

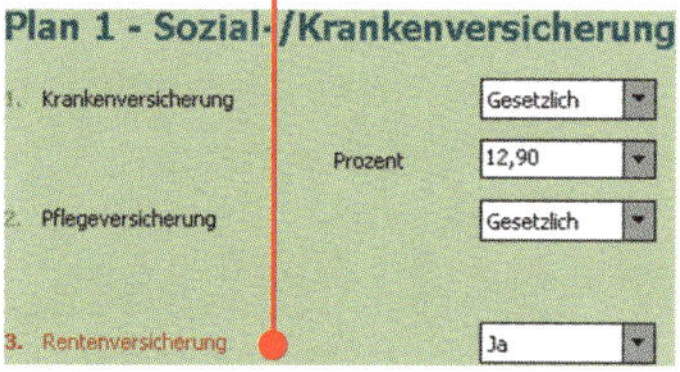

19 In die letzte Zeile wiederum müssen Sie eintragen, ob Sie Beiträge zur Arbeitslosenversicherung zahlen.

20 Mit einem Klick auf „Einkommen“ wechseln Sie in das nächste Eingabefenster.

21 Überprüfen Sie hier Ihre Gehaltsdaten.

Falls Sie einen Wert ändern möchten, klicken Sie auf die dazugehörige Schaltfläche Festlegen... und geben im nachfolgenden Dialogfenster die neuen Daten ein.

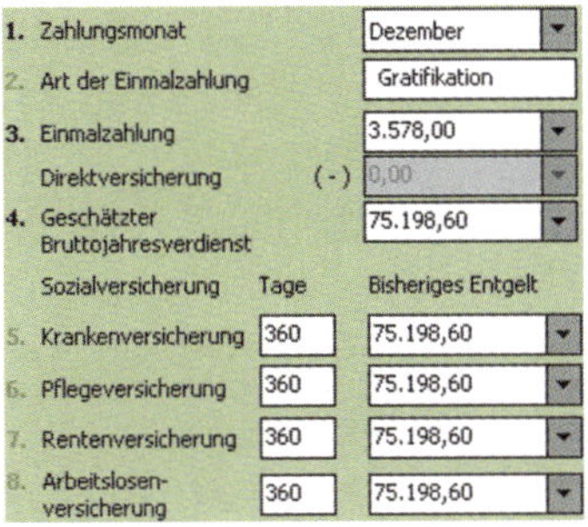

Mit OK werden die eingegebenen Werte bestätigt.

22 Mit einem Klick auf „Analyse" gelangen Sie auf die Analyseseite.

Hier finden Sie nun das Ergebnis, zu dem Money 98 aufgrund Ihrer Eingaben gekommen ist.

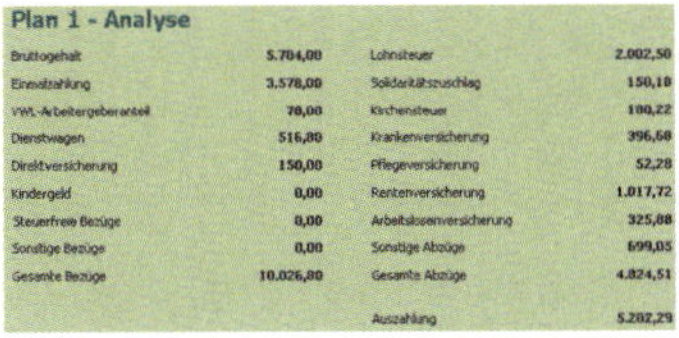

23 Wenn Sie bereits Eingaben im zweiten Plan vorgenommen haben, können Sie die entsprechende Analyse per Mausklick im unteren Bereich darstellen.

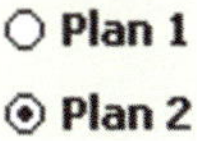

Falls Sie hingegen noch keine Eingaben gemacht haben, wechseln Sie zurück zur Seite

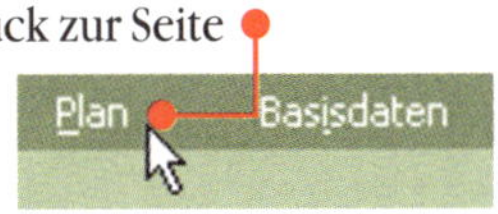

24 Da Sie die meisten Informationen aus dem ersten Plan auch im zweiten Plan verwenden können, sollten Sie zunächst alle Daten aus Plan 1 in Plan 2 kopieren. Aktivieren Sie zunächst Plan 2

und klicken Sie auf die Schaltfläche Daten aus Plan 1 kopieren.

25 Wechseln Sie nun wieder auf die einzelnen Seiten, und ändern Sie jene Informationen ab, die sich in Plan 2 von denen in Plan 1 unterscheiden. Abschließend klikken Sie ein weiteres Mal auf „Analyse“, um sich das Ergebnis der zweiten Berechnung anzeigen zu lassen.

26 Zwischen den Analysen der beiden Pläne wechseln Sie per Mausklick im unteren Fensterbereich.

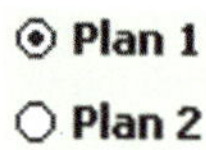

Der Eigenheimstratege

Sie wissen nicht, ob Sie weiterhin zur Miete wohnen oder aber in einen Wohnungs- oder Hauskauf investieren sollten? Der Eigenheimstratege hilft Ihnen bei der Entscheidungsfindung. Nach Eingabe der benötigten Daten berechnet Money 98 den Zeitpunkt, ab dem sich die Investition in Eigentum lohnt.

1 Klicken Sie mit der linken Maustaste in der Menüleiste auf den Eintrag  .

2 Wählen Sie aus dem Inhaltsverzeichnis des Bereichs „Finanzpraxis“ per Mausklick den „Eigenheimstrategen“.

3 Jetzt geben Sie auf der ersten Seite des Eigenheimstrategen die Grunddaten für Miete und persönliche Informationen ein. In das erste Feld gehört die Angabe, wie viele Kinder Sie haben.

4 In der zweiten Zeile tragen Sie ein, wie hoch in etwa die Miete für eine vergleichbare Wohnung wäre, die Sie nicht kaufen würden.

5 Die zu erwartende jährliche Mietsteigerung findet im dritten Feld Aufnahme:

6 Wenn Sie auf ein Eigenheim verzichten, können Sie Ihr Geld anlegen. Die Zinsen, die sich daraus ergeben, werden von Money 98 beim Vergleich berücksichtigt. Geben Sie den Zinsbetrag für Ihre Spareinlage im vierten Feld ein.

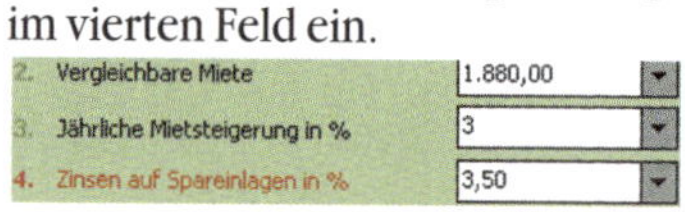

7 In das fünfte Feld tragen Sie Ihren persönlichen Steuersatz ein.

4.	Zinsen auf Spareinlagen in %	3,50
5.	Persönlicher Steuersatz in %	30

8 Fahren Sie mit der Eingabe der Informationen über den Kauf des Hauses oder der Wohnung fort. Klicken Sie hierzu auf

Mieten | Kaufen | Analyse

9 Sofern Sie mit dem Finanzierungsstrategen bereits Berechnungen für das Kaufobjekt durchgeführt haben, können Sie die Daten aus dem Plan übernehmen. Klicken Sie hierzu auf die Schaltfläche Daten kopieren.

10 Füllen Sie alle Felder auf der zweiten Seite aus, um die voraussichtlichen Kosten für den Kauf eines Eigenheims festzulegen.

1.	Daten aus Finanzierungsstratege	Daten kopieren
2.	Zinssatz	7
3.	Kreditlaufzeit	15 Jahre
4.	Kaufpreis inkl. Gebühren/Steuern	321.400,00
5.	Renovierungskosten	0,00
6.	Instandhaltungspauschale in %	5
7.	Eigenkapital	250.000,00
8.	Eigenheimzulage	Ja
9.	Gebäudetyp	neu
10.	Wertsteigerung in %	5

11 Nachdem Sie alle Daten für die Berechnung eingegeben haben, wechseln Sie auf die Analyseseite.

Kaufen | Analyse

12 Die Analyse gibt Aufschluß darüber, ob sich der Kauf für Sie lohnt, oder ob Sie weiterhin zur Miete wohnen sollten.

In der Berechnung werden die Kosten für Kauf und Miete einander gegenübergestellt.

	Kaufen	Mieten	Vorteil
Kosten			
monatl. (1. Jahr)	-24	1880	1904
monatl. (9. Jahr)	641	2312	1671

Wenn Sie wissen möchten, wie sich die Werte zwischen Miete und Kauf innerhalb der ersten 50 Jahre entwickeln werden, geben Sie im Feld

1. Anzahl der Jahre: 25

den zu berechnenden Zeitraum an und klicken auf die Schaltfläche Berechnen.

Anschließend werden die Ergebnisse in der Tabelle „Analyse“ aufgeführt.

Analyse

1. Anzahl der Jahre: 25 — Berechnen

	Kaufen	Mieten	Vorteil
Kosten			
monatl. (1. Jahr)	-24	1880	1904
monatl. (9. Jahr)	641	2312	1671
Gesamt	818491	822521	4030
Vermögenszuwachs	537248	376320	160928

13 Wollen Sie erfahren, nach wie vielen Jahren Sie mit dem Kauf besser dastehen als in einer Mietwohnung oder einem Miethaus? Im Feld

2. Ein Kauf rentiert sich nach 19 Jahr(en).

finden Sie die – nicht immer aufbauende – Antwort.

Der Abschreibungsstratege

Mit dem Abschreibungsstrategen können Sie die jährlich zulässigen Abschreibungen für Wirtschaftsgüter berechnen und den Abschreibungsverlauf über den Zeitraum der Nutzungsdauer darstellen.

Nachdem Sie ein Objekt eingegeben haben, wird dieses automatisch als Anlagekonto im Konto-Manager eingerichtet.

1 Klicken Sie mit der linken Maustaste in der Menüleiste auf den Eintrag

.

2 Wählen Sie aus dem Inhaltsverzeichnis des Bereichs „Finanzpraxis" per Mausklick den „Abschreibungsstrategen".

3 Tragen Sie zunächst den Namen für das Abschreibungsobjekt ein. Klicken Sie hierzu auf Neu..., geben Sie dem Objekt im Dialogfenster Abschreibungsobjekt einen eindeutigen Namen, und ergänzen Sie die dazugehörige Kategorie.

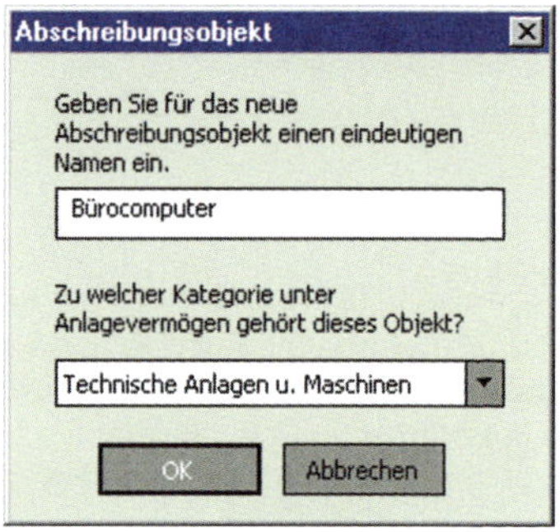

Bestätigen Sie Ihre Eingabe mit OK.

4 In die nächsten Felder gehören weitere Daten zu dem Objekt, das Sie abschreiben wollen.

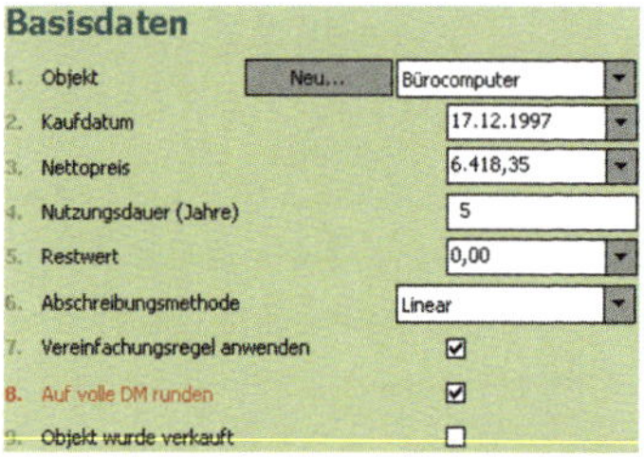

5 Wechseln Sie mit einem Klick auf „Verlauf" in die zweite Seite des Abschreibungsstrategen.

6 Hier können Sie nun den Verlauf der Abschreibung nachvollziehen.

Verlauf

Jahr	AfA-Betrag	Sonstige AfA	Restwert	Kumuliert
1997	641,35	0,00	5.777,00	641,35
1998	1.284,00	0,00	4.493,00	1.925,35
1999	1.284,00	0,00	3.209,00	3.209,35
2000	1.284,00	0,00	1.925,00	4.493,35
2001	1.284,00	0,00	641,00	5.777,35
2002	641,00	0,00	0,00	6.418,35

Falls Sie Änderungen am Verlauf vornehmen möchten, markieren Sie per Mausklick die Zeile für das entsprechende Jahr

Jahr	AfA-Betrag	Sonstige AfA	Restwert
1997	641,35	0,00	5.777,00
1998	1.284,00	0,00	4.493,00

und geben im Feld

Sonstige AfA 480,00

die Sonderabschreibung für das Objekt ein.

In die Tabelle übernehmen Sie die Sonderabschreibung mit einem Klick auf Eintragen.

Der Rentenstratege

Der Rentenstratege hilft Ihnen bei der Berechnung Ihrer zu erwartenden Rente. Hierbei sind Sie nicht auf die Berechnung der normalen Altersrente angewiesen, Sie können auch - um nur zwei Beispiele zu nennen - die Arbeitslosen- oder Schwerbehindertenrente berechnen.

1 Klicken Sie mit der linken Maustaste in der Menüleiste auf den Eintrag Finanzpraxis.

2 Wählen Sie aus dem Inhaltsverzeichnis des Bereichs „Finanzpraxis" per Mausklick den „Rentenstrategen".

Rentenstratege
Eigenverbrauchsstratege
Abschreibungsstratege

3 Beginnen Sie bei der Eingabe der Basisdaten mit Ihrem Geburtsdatum.

Basisdaten

1. Geburtsdatum 11.01.1969

4 Als nächstes geben Sie an, wann Sie in die Rentenversicherung eingetreten sind.

1. Geburtsdatum 11.01.1969
2. Eintritt in Rentenversicherung 01.07.1986

5 Für die Berechnung der Rente ist auch wichtig, wo Sie am 18. Mai 1990 Ihren Wohnsitz hatten.

2. Eintritt in Rentenversicherung 01.07.1986
3. Wohnort am 18.05.1990 Alte Bundesländer

6 Geben Sie als letztes auf der ersten Seite das Datum ein, zu dem der Rentenstratege die Rente berechnen soll.

4. Rente ohne Hochrechnung zum 31.12.2031

7 Mit einem Klick auf „Zeiten" gelangen Sie auf die zweite Seite des Rentenstrategen.

8 Nun müssen Sie das Datum festlegen, bis zu dem alle auf die Rente anzurechnenden Zeiten erfaßt werden sollen.

9 Der Rentenstratege berechnet nun die Anzahl der Monate, in denen Sie Rentenbeiträge gezahlt haben. Hierbei werden auch Wehrdienstzeiten und Kindererziehungszeiten berücksichtigt, sofern Sie die zulässigen Zeiten nicht überschritten haben. In diesem Fall müssen Sie den Wert korrigieren.

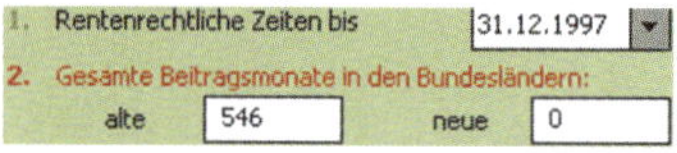

10 Der Mutterschutz wird bei der Berechnung der Rente ebenfalls berücksichtigt. Die Monate, die Sie in Anspruch genommen haben, tragen Sie in das dazugehörige Feld ein.

11 Wenn Sie arbeitslos waren oder wegen Krankheit keiner Tätigkeit nachgehen konnten, geben Sie die entsprechenden Zeiten ein.

12 Auch die Zeiten Ihrer Schulausbildung nach dem vollendeten 17. Lebensjahr gehören in die Tabelle. Diese werden vor und nach 1992 gesondert berücksichtigt.

13 Falls Sie noch Ersatzzeiten vor 1992 geltend machen können, tragen Sie diese in die sechste Zeile ein.

14 In die letzte Zeile dieser Seite tragen Sie die Berücksichtigungszeiten, getrennt nach alten und neuen Bundesländern, ein. Beachten Sie hierbei, daß sich die Zeiten nicht mit anderen Berechnungszeiten überschneiden dürfen.

15 Die für die Berechnung nötigen Angaben zu Ihrem Lohn werden auf der Seite „Verlauf" eingetragen. Klicken Sie mit der linken Maustaste auf das gleichnamige Feld, um auf diese Seite zu wechseln.

16 Insgesamt stehen Ihnen bei der Erfassung der Lohn- beziehungsweise Entgeltwerte 20 Zeilen zur Verfügung. Auch wenn Sie schon mehr als 20 Jahre Rentenbeiträge gezahlt haben, können Sie nur 20 Eingaben vornehmen. Bei 30 Jahren empfiehlt es sich, jedes dritte Jahr unberücksichtigt zu lassen. Bei 40 Jahren müssen Sie dementsprechend jedes zweite Jahr auslassen. Hierbei entstehen nur geringe Abweichungen, da die eingegebenen Beträge nicht zusammengezählt werden, sondern vielmehr für die Berechnung eines Mittelwertes dienen.

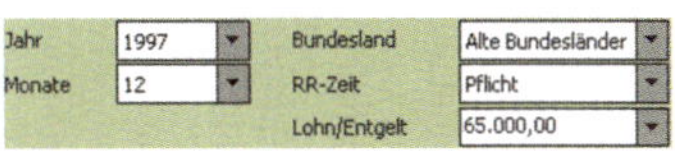

Geben Sie die Informationen in die Felder ein, und klicken Sie auf die Schaltfläche Eintragen. Auf diese Weise tippen Sie nach und nach alle Daten in die Tabelle ein.

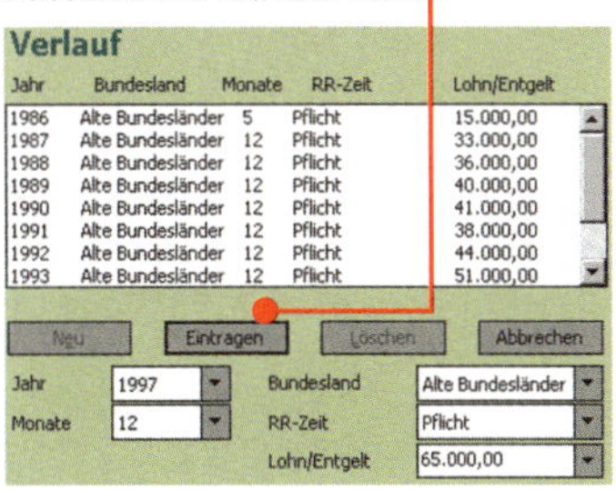

17 Nachdem Sie alle Daten eingegeben haben, müssen Sie auf der nächsten Seite weitere Informationen ergänzen.

18 Legen Sie zuerst fest, welche Art von Rente Sie berechnen möchten.

19 Nun teilt Ihnen der Rentenstratege aufgrund Ihrer Eingaben mit, ab welchem Datum Sie mit dem Bezug der Rente rechnen können.

20 Falls Sie bis zum Rentenbeginn weitere Beträge entrichten müssen, geben Sie diese in der dritten Zeile ein.

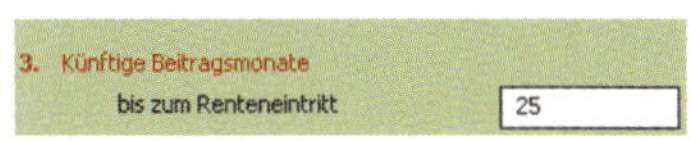

21 Je nachdem, wo Sie die Rentenbeiträge eingezahlt haben, werden diese bei der Hochrechnung mit unterschiedlichen Entgeltpunkten berücksichtigt.

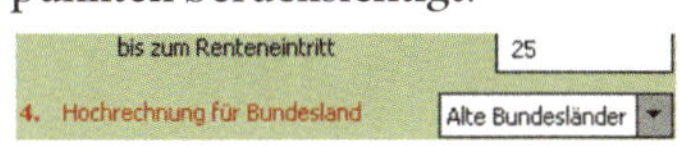

22 Geben Sie in die fünfte Zeile das geschätzte Gehalt für die Zeit bis zum Rentenantritt ein.

23 Schließlich müssen Sie dem Rentenassistenten noch mitteilen, ob Sie Pflichtbeiträge oder freiwillige Beiträge leisten.

24 Klicken Sie mit der linken Maustaste auf „Analyse“, um zur letzten Seite zu gelangen.

25 Hier finden Sie alle Werte, die der Rentenassistent aufgrund Ihrer Eingaben berechnet hat.

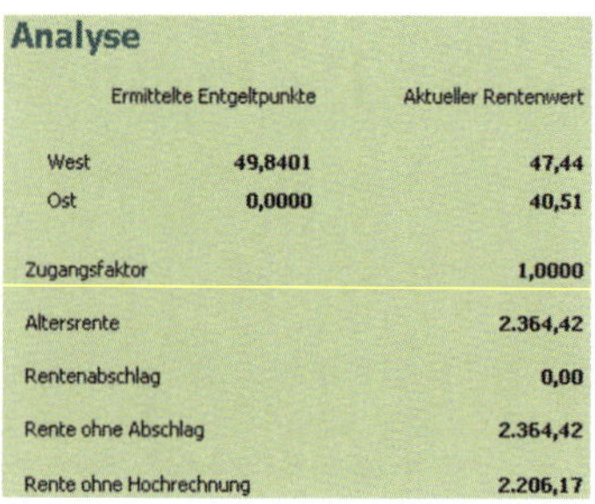

Analyse

	Ermittelte Entgeltpunkte	Aktueller Rentenwert
West	49,8401	47,44
Ost	0,0000	40,51
Zugangsfaktor		1,0000
Altersrente		2.364,42
Rentenabschlag		0,00
Rente ohne Abschlag		2.364,42
Rente ohne Hochrechnung		2.206,17

DATEV-Export

Wenn Sie für Ihre Steuererklärung die Dienste eines Steuerberaters in Anspruch nehmen, können Sie Ihre Daten aus Money 98 in einem speziellen Format exportieren, das Ihr Steuerberater an das Rechenzentrum der **DATEV** weiterleiten kann. „Exportieren“ ist übrigens ein feststehender Begriff in der EDV und bedeutet, daß Daten in ein anderes Format umgewandelt werden.

1 Klicken Sie mit der linken Maustaste in der Menüleiste auf den Eintrag Datei, und wählen Sie im geöffneten Datei-Menü den Befehl

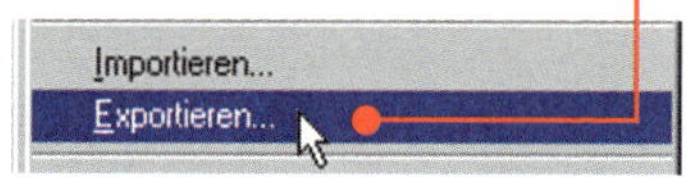

2 Markieren Sie im Dialogfenster Exportieren das Format

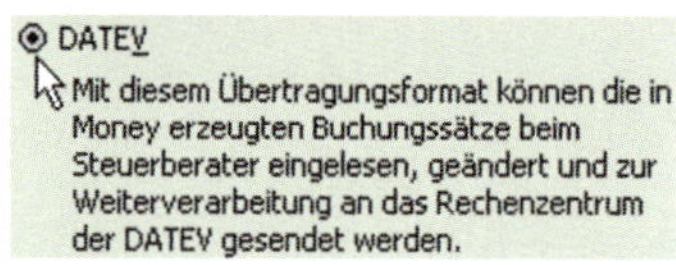

Mit einem Klick auf die Schaltfläche OK öffnen Sie den DATEV-Export-Assistenten.

3 Geben Sie in der ersten Zeile den Zeitraum ein, für den Sie die Daten im DATEV-Format exportieren möchten.

4 In der zweiten Zeile tragen Sie Ihr zweistelliges Kürzel ein.

5 In die dritte Zeile gehört die Abrechnungsnummer für den DATEV-Export.

6 In der vierten Zeile ist Platz für die Datenträgernummer. Dieser Wert ist lediglich für Ihre Verwaltung gedacht und kann auch ausgelassen werden.

7 In die fünfte Zeile tippen Sie die Berater-Nummer Ihres Steuerberaters ein.

8 Tragen Sie in der sechsten Zeile den Namen Ihres Steuerberaters ein.

9 Ihre Mandanten-Nummer, unter der Sie Ihr Steuerberater führt, findet in der siebten Zeile Aufnahme.

10 Je nach Format müssen Sie für die reibungslose Verarbeitung Ihrer Daten das Kontrollkästchen „Ordnungsbegriffserweiterung“ aktivieren.

11 Wenn Sie den Export bei einer fehlerhaften Buchung, die über keine DATEV-Kontierung verfügt, abbrechen wollen, aktivieren Sie das darunterliegende Kontrollkästchen.

12 Geben Sie in der letzten Zeile den Pfad an, auf den die DATEV-Datei geschrieben werden soll.

13 Abschließend legen Sie eine leere, formatierte Diskette in das Laufwerk und starten den Export mit einem Klick auf die Schaltfläche 

Am Jahresende: Buchungen archivieren

Obwohl die Funktion zum Archivieren von alten Buchungen nicht in die Form eines Assistenten gegossen ist, gehört sie an den Schluß des

Buches und wird - wie alle Assistenten - von Money schrittweise begleitet.

Wenn Sie das Programm im Laufe eines Jahres mit Dutzenden, zuweilen sogar Hunderten oder Tausenden von Buchungen bestückt haben, wird die Bedienung von Money 98 mit jedem neuen Arbeitstag etwas langsamer. Zum Jahreswechsel bietet es sich deshalb an, „alte" Buchungen auszusondern. Money 98 hält hierfür die Funktion „Archivieren" bereit.

Damit Ihnen alte Buchungen aber nicht gänzlich verlorengehen, werden sie in eine sogenannte „Archivdatei" geschrieben, die im selben Ordner von Windows 95 gespeichert wird wie die „normale" Money-Datei. Falls Sie also zu einem späteren Zeitpunkt nach alten Buchungen suchen sollten, können Sie die Archivdatei problemlos öffnen und darin genauso arbeiten wie in der „normalen" Datei.

Grundsätzlich hat das Archivieren von alten Buchungen zwei unschätzbare Vorteile: Das Programm wird wieder etwas schneller, und die Übersichtlichkeit in der Programmbedienung bleibt gesichert.

1 Zur Archivierung alter Buchungen öffnen Sie das Menü Datei. Wählen Sie darin den Befehl Archivieren... . Im folgenden Dialogfenster können Sie festlegen, bis zu welchem Datum die alten Buchungen herausgefiltert werden sollen:

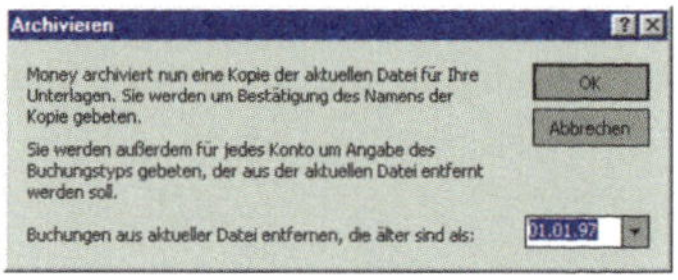

Sinnvollerweise werden Sie zu Beginn eines neuen Jahres den 31.Dezember des alten Jahres einstellen. Klicken Sie auf den nach unten weisenden Pfeil des Feldes 31.12.97, um einen Kalender darzustellen:

Klicken Sie auf die Schaltfläche OK, um in das nächste Fenster zu gelangen.

2 Nun tippen Sie den Namen für die Archivdatei ein. Damit Sie die Datei später immer wieder eindeutig identifizieren können, sollten Sie Jahreszahlen verwenden. Geben Sie also der Archivdatei für das Jahr 1997 den Dateinamen „1997.MNY". Klikken Sie auf die Schaltfläche OK, um den Archiviervorgang einzuleiten.

3 Jetzt sehen Sie ein Fenster, das Ihr erstes Konto darstellt (alphabetische Sortierung). Hier können Sie festlegen, welche Buchungen aus der aktuellen Datei entfernt und in die Archivdatei eingefügt werden sollen.

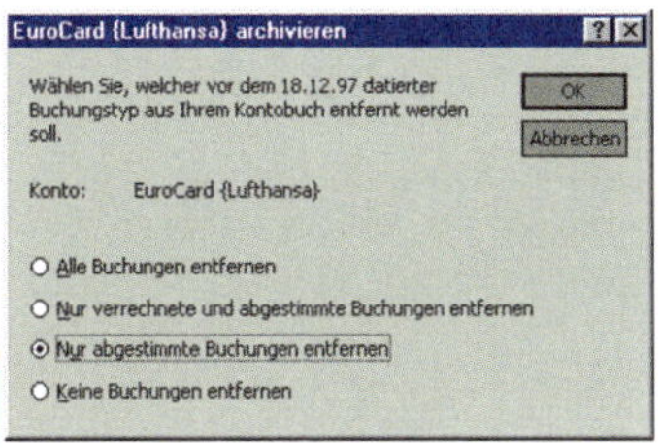

Es ist ratsam, den Eintrag „Nur abgestimmte Buchungen entfernen" zu wählen, damit keine offenen Posten entfernt werden und später Ungereimtheiten auftauchen.

Grundsätzlich hängt die Auswahl in diesem Feld aber davon ab, um welchen Kontotyp es sich handelt. Bei einem Konto „Offene Posten" beispielsweise sollten Sie „Keine Buchungen entfernen" markieren, während bei einem geschlossenen Konto das Optionsfeld „Alle Buchungen entfernen" angeklickt werden muß.

Klicken Sie auf die Schaltfläche „OK", damit das nachfolgende Fenster dargestellt wird.

> **! Strategie**
>
> Beachten Sie auch, daß bei einigen Konten, zum Beispiel bei Sparbüchern, das Konto zwar durchaus abgestimmt sein kann, eine Archivierung der Daten aber nicht empfehlenswert ist. Nur so ist gewährleistet, daß Sie die Ein- und Auszahlungen über einen längeren Zeitraum verfolgen können.

4 Dort wird das nächste Konto aktiviert, das Sie in Money verwalten. Bestimmen Sie auch hier wieder, welche Buchungen archiviert werden sollen. Verfahren Sie in der gleichen Weise mit allen weiteren Konten.

5 Nach dem letzten Konto beginnt Money mit dem Herausfiltern der überflüssigen Daten. Der Vorgang des Archivierens kann durchaus mehrere Minuten dauern.

6 Um auf einen älteren Datenbestand zurückzugreifen, können Sie im Menü „Datei" über den Befehl „Öffnen..." die Archivdatei am Bildschirm darstellen und nach den gewünschten Buchungen suchen.

Was ist eigentlich …

Analoger Telefonanschluß

So nennt man einen „herkömmlichen" Telefonanschluß. Dabei werden digitale Daten des Computers vor ihrer Übertragung über das Telekom-Kupferkabel in analoge, also vergleichbare Daten verwandelt.

Anschlußkennung

Wer sich bei T-Online anmeldet, um Electronic Banking betreiben zu können, erhält von der Deutschen Telekom eine sogenannte Anschlußkennung. Dabei handelt es sich um eine 12stellige Zahl, die Sie bei jeder Anwahl zu T-Online eingeben müssen. Wie ein Reisepaß, nach dessen Vorlage Sie die Grenze passieren dürfen. Die Anschlußkennung kann in Money gespeichert werden.

AutoPlay

Wenn Sie eine CD mit „AutoPlay"-Funktion in das CD-ROM-Laufwerk einlegen und das Betriebssystem Windows 95 (oder höher) verwenden, startet automatisch ein Programm, das Ihnen den Inhalt der CD vorstellt.

Beleghafte Überweisung

Was sich nach „Sparkassen-deutsch" anhört, ist nichts weiter als eine normale, herkömmliche „Papier-Überweisung".

Was ist eigentlich …

DATEV

Abkürzung für „Datenverarbeitungs-organisation des steuerberatenden Berufes in der Bundesrepublik Deutschland eG". Organisation, die für Steuerberater einen Standard in der Datenverarbeitung erarbeitet hat.

Depot

Eine Art „Konto" für die Aufbewahrung von Wertpapieren (Aktien, Optionsscheine etc.).

Discount-Broker

Während der Begriff „Broker" aus dem Englischen kommt und für das deutsche Wort „Börsenmakler" steht, soll die Bezeichnung „Discount-Broker" auf besonders günstige Konditionen beim Wert-papierkauf hinweisen. Banken wie ConSors oder die Direkt Anlage Bank, die auf den Wertpapierkauf spezialisiert sind, bezeichnen sich als Discount-Broker.

Eingabemaske

Bezeichnet ein Fenster in Windows-Programmen, in das Sie Eingaben machen können.

Empfänger

Das Wort „Empfänger" hat in Money eine doppelte Bedeutung: Zum einen sind damit solche Personen oder Firmen gemeint, denen Sie Geld zahlen, zum anderen aber auch jene, von denen Sie Geld erhalten.

Was ist eigentlich ...

Empfängerliste

Money speichert alle Namen ab, die von Ihnen einmal Geld erhalten haben oder von denen Sie Geld bekommen haben. Sie können diese Empfängerliste bei der Buchungserfassung ansehen, indem Sie die Tastenkombination Alt+↓ drücken.

Exportschnittstelle

So bezeichnet man einen Filter, der aus den vorliegenden Daten einen Extrakt bildet. Money ist beispielsweise in der Lage, aus den vorliegenden Buchungsinformationen jene Daten herauszufiltern, die ein Steuerberater für seine Kontierung im DATEV-Format benötigt.

Hauptübersichtsseite

Als Hauptübersichtsseite wird die Seite *0# bezeichnet, die Sie auch nach der Anwahl zu T-Online als erstes sehen. Sie ist kostenlos. Wenn Sie in T-Online eine gebührenpflichtige Seite aufgerufen haben (Bankenseiten sind in der Regel kostenlos), können Sie durch die Eingabe von *0# immer wieder schnell in den kostenlosen Bereich zurück gelangen.

ISDN-Adapter

Die Bezeichnung „ISDN-Modem", die man häufig hört, ist falsch, weil „Modem" als Kunstwort für „Modulator/Demodulator" bedeutet, daß

Was ist eigentlich ...

digitale Daten vor dem Verschicken durch die Telefonleitung in analoge verwandelt und beim Empfänger wieder in digitale Daten zurückgebildet werden. ISDN ist jedoch ein rein digitales Kommunikationsnetz, das auch zum Telefonieren genutzt werden kann („ISDN-Anschluß"). Ein ISDN-Adapter ist ein Gerät, das die digitalen PC-Daten in das digitale ISDN-Netz überträgt und auch von ihm empfängt. Es ist praktisch die digitale ISDN-Variante eines Modems.

Kategorie

Klassifizierung für eine Buchung in Money. Ausgaben für Lebensmittel werden beispielsweise in der Kategorie „Essen" gebucht. Kategorien helfen, jederzeit aussagekräftige Berichte zu erhalten. Ein Mausklick genügt, und Sie können sehen, wieviel Geld Sie in der Kategorie „Essen" ausgegeben haben.

Kennwort

In der Computersprache nutzt man „Kennwörter", um Dateien zu verschlüsseln. Bei einem Kennwort wird der geschützte Datenbestand durch mathematische Algorithmen so unkenntlich gemacht, daß er auch mit speziellen Programmen nicht mehr eingesehen werden kann. Die Daten sehen aus wie „Zahlensalat". Um sie lesen und

Was ist eigentlich ...

bearbeiten zu können, muß das Kennwort bekannt sein. Durch die Vergabe eines Kennwortes für Money verhindern Sie, daß Unbefugte Ihre finanziellen Transaktionen einsehen können.

Kontrollkästchen
So bezeichnet man kleine quadratische Kästchen, mit denen Sie in Windows-Programmen etwas „ankreuzen" können. Meistens geht es dabei um Programmfunktionen. Im Gegensatz zu den runden Optionsfeldern, von denen sich immer nur eines aktivieren läßt, können Sie bei den Kontrollkästchen mehrere gleichzeitig ankreuzen.

Kurs
So bezeichnet man den Preis für ein Wertpapier, der durch das Aufeinandertreffen von Angebot und Nachfrage zustande gekommen ist.

Maklercourtage
Gebühr, die beim Kauf eines Wertpapiers an der Börse bezahlt werden muß, weil der Kursmakler die unterschiedlichen Preisvorstellungen von Angebot und Nachfrage zu einem Kurs zusammenführt.

Makro
Kleines Programm, das spezielle Anweisungen enthält, wie sich die Schreibmarke verhalten soll. In

Was ist eigentlich ...

Money steuern Makros die Kommunikation mit T-Online. Ein Money-Makro erkennt beispielsweise , daß es sich auf der T-Online-Seite Ihres Kreditinstitutes befindet, und weiß, welche Ziffern eingegeben werden müssen, um den Kontostand darzustellen.

Mitbenutzerzusatz
Jeder T-Online-Teilnehmer kann seinen Anschluß auch anderen Personen zugänglich machen. Damit die so berechtigten Personen keinen Zugang zu den Daten des Anschlußinhabers haben, kann dieser seinen Mitbenutzern einen speziellen Code zuweisen, der als Mitbenutzerzusatz bezeichnet wird.

Modem
siehe ISDN-Adapter

Nummernblock
So bezeichnet man auf der PC-Tastatur den rechten Bereich, auf dem nur die Ziffern 1 bis 9 sowie Rechenoperatoren zur Verfügung stehen.

Online-Dienst
T-Online, AOL, CompuServe und Microsoft Network (MSN) sind in Deutschland die bekanntesten Online-Dienste. „Online sein" heißt soviel wie „Leitung benutzen" und bedeutet, daß gerade Daten jeder Art über die Telefonleitung übertragen

Was ist eigentlich ...

und genutzt werden. Online-Dienste zeichnen sich vor allem durch ein eigenständiges Informationsangebot aus, das die jeweiligen Kunden exklusiv abrufen können.

PIN
Persönliche Identifikationsnummer, erforderlich für den Zugang zu T-Online und anderen Online-Diensten.

Scroll-Leiste
Die Bildlaufleiste befindet sich in den meisten Windows-Programmen am rechten Rand des Programmfensters. Durch Anklicken mit der Maus auf die nach unten oder nach oben weisenden Pfeile können Sie den sichtbaren Bereich nach oben beziehungsweise unten erweitern (= scrollen).

Splitten
Wenn eine Money-Buchung (zum Beispiel eine Metro-Rechnung) unterschiedliche Positionen aufweist (etwa Lebensmittel und Autozubehör), können Sie die Buchung in Money aufteilen. Sie steht dann zwar mit dem Gesamtbetrag in einer Buchungszeile, kann jedoch über die Splitten-Funktion „aufgeteilt" werden.

TAN
Transaktionsnummer. Für jede Überweisung in T-Online müssen

Was ist eigentlich ...

Sie eine TAN eingeben. Sie entspricht einer elektronischen Unterschrift. Jede TAN kann nur einmal verwendet werden.

Task-Leiste
So bezeichnet man die graue Leiste, die am unteren Rand des Windows-Bildschirms angezeigt wird und links stets die Schaltfläche „Start" enthält.

T-Online
Online-Dienst der Deutschen Telekom. Die meisten deutschen Kreditinstitute, die Electronic Banking anbieten, sind in T-Online aktiv.

Umsatzsteuer
Wenn Sie selbständig oder Freiberufler sind, müssen Sie in allen Rechnungen Mehrwertsteuer (Umsatzsteuer) ausweisen und diese an das Finanzamt abführen. Umgekehrt dürfen Sie bei betrieblich bedingten Einkäufen die darin enthaltene Steuer vom Finanzamt zurückverlangen. Money kann entsprechend gekennzeichnete Buchungen auswerten.

Wertpapierkennummer
Jedes Wertpapier, das an einer deutschen Börse gehandelt wird, hat eine eindeutige Nummer, die als Wertpapierkennummer (WKN) bezeichnet wird. Bei Käufen und Verkäufen wird diese immer abgefragt.

Lektorat: Susanne Kranz
Umschlaggestaltung: Volkmar Schwengle/BuW, Berlin
Fotos: Bildagentur Bavaria
Satz: LVD GmbH, Berlin
Druck und Weiterverarbeitung: Clausen & Bosse, Leck
Printed in Germany
ISBN 3-548-41114-2

Gedruckt auf alterungsbeständigem Papier
mit chlorfrei gebleichtem Zellstoff

Die Deutsche Bibliothek – CIP-Einheitsaufnahme

Money 98 – Ihre Bank im PC /
Prinz & Markus. –
Berlin: Ullstein, 1998 (ComputerBild)
ISBN 3-548-41114-2